フランツ・リスト 著
八隅裕樹 訳

フレデリック・ショパン

その 情 熱 と 悲 哀

FRANZ LISZT

F. CHOPIN

彩 流 社

訳者まえがき

芸術を愛する人々のなかには、時々、芸術家の伝記というのを敬遠する人がいる。彼らに言わせれば、伝記はその性質上どうしても学問的な偏執《へんしゅう》に陥りやすく、芸術家に関するものであっても、「彼はこう言っていたが、私信においてはこうも言っていて、矛盾している」とか、「しかし私生活はこうであった」とか、同時代に生きた人々ですら知らないようなことをのべつ幕なしに公表しては、せっかく読者の心に宿っていた情熱の炎を下火にしてしまうことが多いらしい。訳者なりに彼らの願いを要約すればこうなる。私たちは芸術家の生涯についての〈社会科学的な証明〉を見たいのではなく、ただその人の〈霊感〉や当時の芸術運動の〈気風〉に触れたいだけなのだ、と。

これは幾分世間離れした願望ともいえるが、驚くべきことに、西洋音楽の歴史においては、ただ一度だけ、こうした願望が叶えられたことがあった。その祝福すべき伝記は、詩と文学を愛した不世出の音楽家によって上梓された。彼はその文章のなかで、韻文さながらの対位法や倒置法をふんだんにちりばめてロマン主義音楽の精髄ともいうべき気風を息づかせながら、対象となった人物の――つまり、もう一人の大音楽家の――生涯と芸術性をきわめて見事に描き出したのである。その伝記こそ、『フレデリック・ショパン――その情熱と悲哀』であり、その著者こそ、ショパンと双璧をなしてロマン主義音楽の精華をきわめた音楽家、フランツ・リストにほかならない。

一八四九年にショパンが世を去ると、リストは、このポーランドの作曲家とともに過ごした日々を思い出すうちに、彼に対する「深い哀悼や大きな称賛の気持ちをいっそう特別な方法で表現」せねばならないと感じて、ただちに伝記執筆の構想を練り始めた。そして、わずか一年あまりで原稿を完成させると、一八五一年の二月から八月にかけて、エスキュディエ兄弟がパリで発行する雑誌『ラ・フランス・ミュジカル』において全一七回にわたる連載記事としてこれを発表し、さらに翌年一月には、同じくエスキュディエ兄弟のもとから、書籍の体裁で出版した。八つの章で構成されたこの書物は、「間違いなく、音楽界を席巻するものとなろう」という『ラ・フランス・ミュジカル』誌の見立て通り、たちまち大評判となった。

リストは、自身の思い出や見解だけにとどまらず、友人らの回想や、協力者の意見など、幅広い情報を総合する形でこの伝記を執筆した。一人称単数の代名詞〈Je〉（英語では〈I〉）の代わりに一人称複数の〈Nous〉（同〈We〉）が用いられたのはそうした事情ゆえであり、本訳ではこれを〈我々〉と訳している。その他の部分においても、リストの意図したであろう効果を可能な限り維持できるように、また、その詩的で情熱的な文体を可能な限り再現できるように、訳者なりに手を尽くして日本語に移し入れたつもりであるが、もともと力不足のうえ、金融機関職員としての勤務の傍ら、余暇の一部を割いての仕事であるから、やはり意に満たぬことだけが多い。大方のご教示を乞いながら改めていければ幸いである。

＊　＊　＊

ところで、この『フレデリック・ショパン――その情熱と悲哀』には多くの版があるのだが（その詳細はあとがきに記す）、本訳ではそのうちの、M・W・クックによる英訳版の第二版、

Franz Liszt, tr. M. W. Cook (1863). Life of Chopin (2nd edition). Philadelphia: F. Leypoldt, New York: F. W. Christern.

を底本として用いたことを最初に断っておきたい。その際、誤訳が疑われる箇所や意味の不明瞭な箇所が少なからずあったので、そうした箇所についてはフランス語で書かれた原書、

Franz Liszt (1852). F Chopin. Paris: M. Escudier, Leipzig: Breitkopf & Härtel, Bruxelles: Chez Schott.

を参照しながら訳出した。また、日本語訳も過去にはいくつか出ていたようだが、いずれも出版年が古く、手に入らなかったため、参考することが叶わなかった。

なお、各章の題や小見出しは、前掲の原書にはなく、読者の便宜のために訳者が挿入したものであるが、この作業においては、原書の増補改訂版にあたる、

Franz Liszt (1879). F Chopin (2nd edition). Leipzig: Breitkopf & Härtel.

も参考にした。

また、本書の付録として、リストが頻繁に寄稿した『ルヴュ・エ・ガゼット・ミュジカル・ドゥ・パ

リ』誌の記事のなかから、青年期のリストの思想を知るうえで特に重要と思われるものを少数抜粋し、日本語にしている。これらの底本には、それぞれ、フランス語で書かれた原書、

Franz Liszt (1835). "De la situation des artistes et de leur condition dans la société, VI", in Revue et GAZETTE MUSICALE de Paris, 1835-10-11.〔音楽家の境遇と社会的身分について（総括）〕

Franz Liszt (1840). "Sur Paganini, a propos de sa mort", in Revue et GAZETTE MUSICALE de Paris, 1840-08-23.〔パガニーニの死について〕

Franz Liszt (1841). "Concert de Chopin", in Revue et GAZETTE MUSICALE de Paris, 1841-05-02.〔ショパンの演奏会〕

を用いた。

本編、付録を通じ、リストが執筆した当時と現代とでは読者側の標準的な知識が随分変わっていることを考慮して、訳者の責任で、必要と思われる註を付した。各頁に挿入されている図版資料についても同様の理由から訳者が付け加えたものであり、読者の助けになれば幸いである。

なお、本訳においては、著者フランツ・リスト自身の手による註を傍註として頁の左端に記載し、訳者が挿入した註を各章末にまとめた。

＊　＊　＊

本書の出版にあたっては、多くの方々から温かい協力をいただいた。

特に、恩師である福野輝郎先生、井上裕先生、そして両澤隆宏先生には、この場をかりて心よりお礼申し上げたい。リストの複雑かつ優雅な文章を日本語に移していくうえでは、西洋文明に通暁《つうぎょう》された福野輝郎先生のもとで過ごした時間こそが万事において指針となり、また、西洋の景観デザインに精通された井上裕先生のもとで身につけた考え方こそが細部へのこだわりを助けてくれたのであるから。さらに、両澤隆宏先生のもとで何曲ものリスト作品を学び続けた日々がなければ、リストにとっての――そしてロマン主義音楽にとっての――技巧や装飾がどのようなものであるかを感得することもないまま、それらと同じだけ装飾的といえるこの伝記の価値についても見誤っていたに違いない。

また、彩流社の朴洵利氏から頂戴した、多くの有益な意見に感謝する。この方との巡り合わせがなければ、本訳が出版という形で世に出ることはなかっただろう。そして何より、訳者のわがままな探求心を見守り、訳業の際には的確な助言によって支えてくれた妻、未織と、いつも笑顔で励まし続けてくれた娘、采理に向けて、ここに謝意を表したい。

二〇二一年五月　神戸にて
訳者

フレデリック・ショパン——その情熱と悲哀／目次

フレデリック・ショパン——その情熱と悲哀

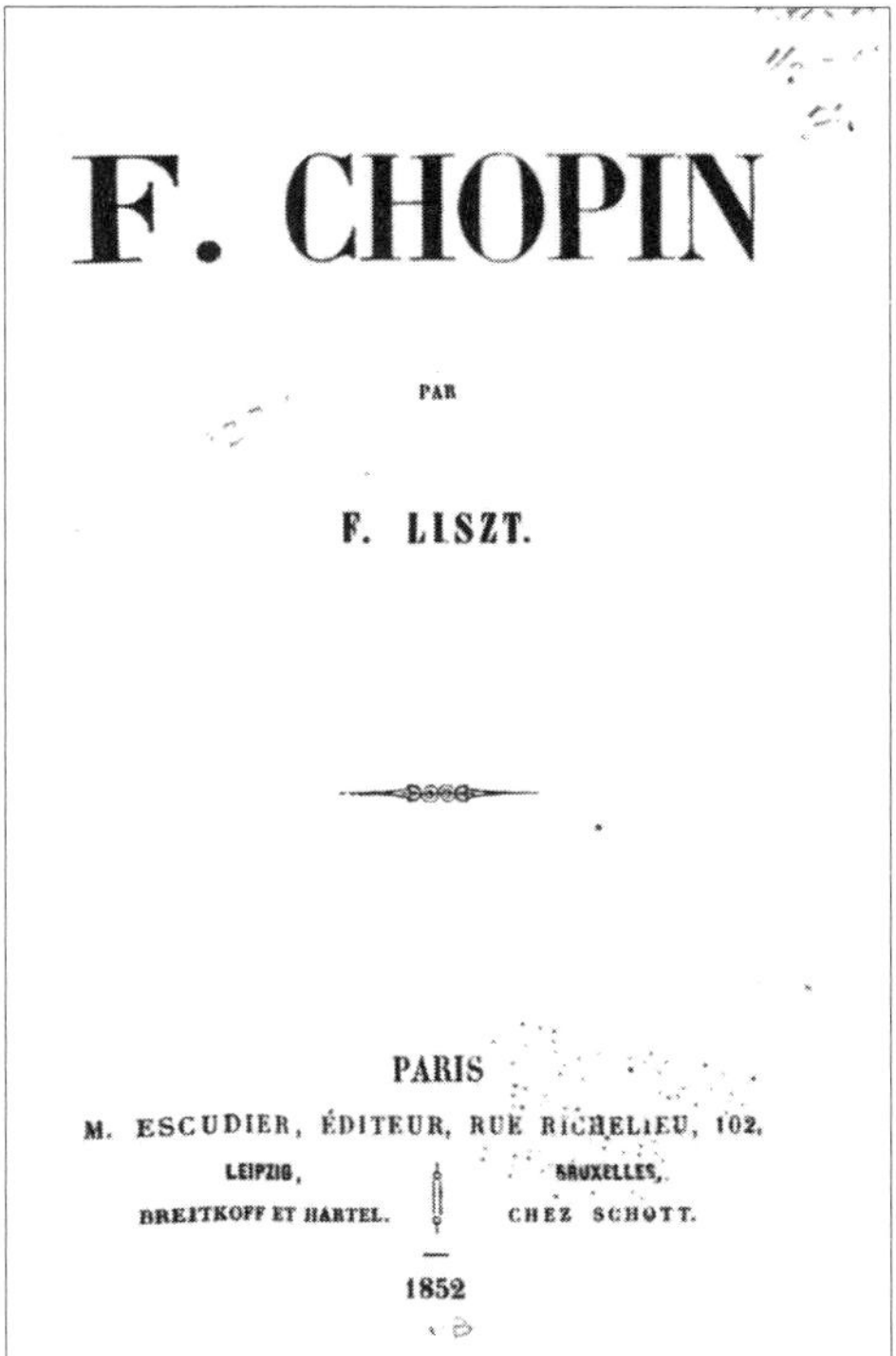
F. CHOPIN

PAR

F. LISZT.

PARIS

M. ESCUDIER, ÉDITEUR, RUE RICHELIEU, 102.

LEIPZIG, BREITKOPF ET HARTEL.

BRUXELLES, CHEZ SCHOTT.

1852

“F. Chopin” (1852)

第一章　ショパンの音楽とその様式

"Chopin." (1847) by Franz Xaver Winterhalter

音楽作品の受容とショパンの真価

ショパンの死後、すべての芸術家が悲嘆に暮れ、彼を知るすべての人が哀悼の涙を流しているが、果たして我々は、その真価に見合うだけの地位を――つまり、未来の人々が差し出すに違いない、特別な地位を――彼に捧げてきたのだろうか？

人類はこれまで、〈預言者は自らの故郷では歓迎されない[1]〉ということを長い歴史のなかで確認してきたが、そうであるならば、次のこともまた真実といえるのかもしれない。つまり、未来の空気を肌で感じてそれを作品という形で伝える芸術家――未来からの預言者――も、決して〈自らの時代では歓迎されない〉のだと。往々にして、世間とはそういうものである。だから、若い世代の芸術家がどれだけ懸命に訴えても、〈反革新〉を掲げる保守主義者の耳にはなかなか届かないし、彼らに死んだ文化への固執をやめさせることも難しい。結局、音楽にしても絵画や彫刻にしても、芸術作品の真価を見極めてその秘めた美しさを明らかにするものは時の経過をおいてないのだ。

芸術というのは感情と情熱を呼び起こして知覚可能なものにする魔法ともいえるが、その魔法はただ一種の絶対的なものではなく、芸術様式の数だけ存在する。芸術の天才と呼ばれる人々は、この芸術様式を新たに切り拓くことに長けている。彼らは卓越した芸術的直観によって自らの精神世界に魔法円を描くと、その内側に生じる〈新たな情緒〉を注意深く観察し、次いで、その情緒――既存の世界にはまだ居場所のない感情――を表現するのに適した様式を模索するのである。

だが、知覚が直接的に感情と結び付く芸術という分野においては、馴染みのない形式や独特の規則に基づいた作品がすんなりと受け入れられることはまずないといってよい。斬新で風変わりな芸術作品は驚きだけでなく疲労まで引き起こすために、多くの人はそれを見慣れない言葉で書かれた異国の手紙のように感じてしまうのだ（そして、次の瞬間には、野蛮な言葉が彼らの口をついて出る）。

特に音楽という分野においては、新しい作品の受容にはとりわけ大きな困難が伴い、結果として、大半の人々がその試みに挫折する。独創的な音楽作品が頑固で敵対的な大衆に浸透してついに勝利を収めるまでには、〈因習の鎖〉に縛られていない溌剌《はつらつ》とした感覚器官の持ち主を大勢見つけ出し、加えて、豊かな好奇心によって新しい表現形式を待望する熱烈な精神の持ち主も数多く探し出さなくてはならない。そこまでしてようやく、人々はその音楽の意味や目的や構文を理解できるようになり、その価値に見合った評価をあたえることや、その作品に内在する美を感じ取ることもできるようになる。それゆえ、従来の文化的惰性の枠を超えた作品を生み出す音楽家は、必然的に、他分野の芸術家よりもいっそう年月の助けを必要とする。画家たちのようにその死が作品の価値を即座に高めてくれることなど、望むべくもない。当然、かつてフランドル派のある大画家がやったようないかさまも、音楽家にはまったく縁のない話である。〈彼は死後にもたらされる光栄を生前に味わいたいと思って、自らの妻に頼み、死の報を広めさせたのだった――アトリエの壁を埋め尽くす絵画の数々がたちどころに貴重なものとなるのを期待して〉。

だから、ショパンの作品が現時点でどれだけ大きな名声を得ていようとも、後世の人々は、間違いなく、それよりもはるかに高く重大な地位を彼の作品にあたえるはずである。未来の音楽史家は、旋律に対する稀代の天性をもち、優美かつ大胆に和声の糸を織り上げていく才能においてひときわ光彩を放つこの音楽家を、惜しみなく絶賛することだろう。そして、現時点では彼以上に大きな成功を収めているかに見える他の作曲家よりも、いっそう高く評価するに相違ない。たとえ、それらの名作曲家の作品が途方もない数の楽器によって何度も何度も繰り返し演奏され、さらには、途方もない数の歌姫によって何度も何度も繰り返し歌唱されていくとしても。

ショパンはピアノのためにしか作品を書かなかったが、その点にこそ、我々は作曲家にとって欠くことのできない重要な資質を見出だす。つまり、〈自らの才能を最高度に発揮しうる芸術様式を選択する〉という資質を。しかし、皮肉なことに、我々が大変な重要性を認めるこの資質のためにこそ、彼の名声は限られたものとなっているのだ。どうか考えてみてほしい。ショパンほどの和声と旋律の才能に恵まれた作曲家にとって、弦楽器の歌うような響きや、フルートの流れるような甘美な音色、あるいはトランペットの強烈な音量といったものが、いかに魅惑的であるか！　我々が今も恩寵にあずかろうと願い続けている古代ギリシアの女神《ムーサ》たちは、まさにこうした音楽を奏でていたはずなのだ！　にもかかわらず、ショパンは自らの舞台をそれらよりずっと不毛なものに見えても不思議のない〈ピアノ〉という一つの楽器に限定したのだから、その判断の裏には、幾度となない熟考を経てたどり着いた、きわめて強固な確信があったに違いない！　一見すると荒野のようでさえあるピアノ音楽の分野に身を尽くして、その痩せた土壌に望むべくもないほどの豊饒な花々を咲かせるまでには、どれほどの才能と情熱が必要とされたことか！　様々な楽器のもつ多様な音色を苦労して取り出し、それらをより限られた――しかし本当のところははるかに理想的とも思える――領域に移し入れるという、相当に極端な選択を信じ続けるためには、どれほどの直観的な好奇心を抑え込まなくてはならなかったことか！　また、当時の常識に逆らってピアノという楽器に専念するには、その潜在的な可能性についてどれほどの深い理解が必要とされたことか！　オーケストラを放棄することは、当時、一種の愚かな過《あやま》ちとさえ見做《みな》されていたのだから！　この献身的な姿勢だけでも、我々は彼を尊敬せずにはいられない。

ただひたすらに音楽の美を追求するなかで、ショパンは、膨大な数のひな壇を並べてそこから多種多様な旋律の水沫《しぶき》を飛ばすという、作曲家にとっての大きな誘惑に、なんとかして打ち勝たなくてはならないと思うようになった。そして、彼は〈美〉それ自体を自らの教師として、〈ひな壇から押し寄せる音楽〉を、いかにしてより限られた領域のなかに結集させるべきか、あるいは、いかにしてより限られた手段によって磨き上げ、より限られた時間のなかに凝縮させるべきかを学び取りながら、ついにはピアノという楽器の芸術的可能性を拡張してしまったのである。ショパンはオーケストラのにぎやかな響きのことなどそっちのけで、ただ象牙の鍵盤のうえに自らの思想が表れていくのを楽しんでいた。オーケストラの仰々しい効果にも、舞台を彩る背景画家の毛筆にも頼ることなく、〈美〉

を紡ぎ出すことができたのである。ああ、それなのに我々は、彼が繊細な筆致で生み出した作品に対して、然るべき情熱と注意をもって向き合ってこなかった！　昨今の習慣化された思考から抜け出すことができずに、少なくとも六曲ずつのオペラとオラトリオを書き、そのうえ多くの交響曲を世に出した作曲家だけが巨匠と呼ばれるにふさわしいと、今の今まで考え続けている！　しかも、あらゆる音楽家に対して、それら全てを、いや、それら以上のことを要求しているではないか！　こうした考えは、たとえそれがどれだけ世間に根を下ろしていようとも、ごく控えめに言って、大いに疑わしい！

　無論、我々は、大規模な事業を成し遂げた人物にあたえられるべき栄光や、壮大な構想のもとで華々しい創造物を生み出した叙事詩人たちの偉大さについて、何か異議を唱えようというのではない。ただ音楽作品の大きさが、他分野の芸術で通用しているものと同様の基準によって評価されるのを望むのみである。絵画の世界を例にとってみても、『エゼキエルの幻視』(2)のような五〇センチメートル四方にも満たない作品や、あるいはロイスダール(3)の『ユダヤ人墓地』のような作品が、たしかに傑作として位置付けられ、しかも、ルーベンスやティントレットといった画家たちの遺した巨大な絵画の数々よりもいっそう高く評価されている。では、文学の世界ではどうか。かの詩人ベランジェ(4)がその思想を小さな歌のなかに凝縮したがために自らの作品の価値を損ねたなどということがあろうか？　ペトラルカ(5)の名声にしてみても、あの美しい一四行詩《ソネット》の数々によって築かれたものではないのか？　ペトラルカの心地よい脚韻を日頃から暗唱している人々のうちで、彼の壮大な叙事詩『アフリカ』について多少なりとも知っている人が、果たしてどれだけいるというのか？　フランツ・シューベルトのソナタのような濃密な曲を書く音楽家よりも、退屈な旋律を量産して値打ちのないオペラの数々へ振り向ける音楽家の方が優れているなどという偏見は、過去のものにしなくてはならない。そして、音楽の世界においても、曲自体の大きさや表現手法の派手さによってではなく、思想や情緒をどれほど巧みに表わしているかという観点から評価されるようにしなくてはならない。

ショパンの芸術性

ショパンの作品を紐解いていくと、洗練された美しさや、斬新な表現手法、そして、深い理解に裏打ちされた独創的な和声進行を見ることができる。彼の手にかかると、大胆な表現はいつも少しの違和感もなく絶妙な効果を生み出し、鮮やかな情緒をふんだんに盛り込んでも曲の本質は決して濁されることがない。風変わりな表現が不格好な空想へと身を落とすこともない。設《しつら》えは決して無秩序にならず、豪勢な装飾も決して音楽の中心を流れる上品な美しさを損ねはしない。しかも、その最良の作品にいたっては、音楽史上に一つの様式を打ち立てたともいっても過言ではないほどの素晴らしい音の組み合わせに富んでいる。ショパンの作品は目をみはるほどに大胆で、華やかで、魅惑的である――それゆえに、奥深い性格は優雅な装飾の襞《ひだ》に隠され、叡智《えいち》は美しい外見の陰に隠されてしまうのだが。我々は、表面的な魅力に過度に惑わされることなく、彼の作品の真価を見つめなくてはならない。将来、音楽芸術に対するショパンの気高い献身が正当に批評されるようになれば、彼の作品は今よりも一段と高く評価されるに違いないのだから。

ショパンはピアノ音楽の発展に途方もない貢献をした。分散和音《アルペジオ》や反復奏法《トレモロ》を駆使した和音の拡張、うねるような半音階の連続、そして、音型という複葉の上から真珠色の露が滴り落ちていくような美しい装飾音。これらはもはや今日のピアノ音楽には欠かすことのできないものだが、もとをたどれば、ショパンの作品に負うところが大きい。それまではというと、この種の装飾音は、イタリア声楽の大楽派が築き上げた鮮麗装飾《フィオリチューラ》のみを手本としていた——要するに、声楽曲のための装飾を何の考えもなしにそのままピアノ音楽へ持ち込んでいたのだ。当然、それらはいかにも単調で退屈なものとなった。しかし、そこにショパンという音楽家が現れて、声楽には適さないがピアノの性格には完全に合致する装飾音を発明した。ピアノ音楽の世界に新たな魅力と驚きと変化がもたらされたのである。

彼の編み出した和声進行も驚くべきもので、主題が軽快であるために重要性が損なわれやすいような箇所にも、息を呑むほどの効果を生じさせた。また、その主題にしてみても、思想や感情を饒舌に語るものであった。実際、主題に沿ってこそ思想は美しく展開され、主題の力を借りてこそ感情は震え、拡がり、高揚し、尊いものとなる。ラ・フォンテーヌ(6)の詩もまさにそうだった——あの素朴な主題と飾り気のない表題のうえに、なんという心優しい憂鬱が、繊細な感覚が、そして叡智が、美しく開花したことか！ そして、ショパンもまた、ラ・フォンテーヌに似て、練習曲《エチュード》や前奏曲《プレリュード》といったいかにも謙遜した表題や主題を好み、そうした作品群によって——その控えめな表題にもかかわらず——自らの築き上げた楽風を象徴したのであった。まだ駆け出しの頃に書かれたこれらの作品には、後年の円熟した緻密な作品群には見られない若々しい活力があふれている。もし、この活力が後期の作品になっても失われず、あの病的なまでに高まった感受性や、病と疲労についての痛々しい暗示の代わりに用いられていたならば、どんなによかったことだろう。

さて、我々の目的がピアノ音楽の発達を学問的に論じ合うことであったなら、彼の輝かしい作品は実に興味深い研究対象となったに違いない。手始めに、大胆かつ独創的な和声に富む夜想曲《ノクターン》、バラード、即興曲、スケルツォを解剖してから、その後は、ポロネーズやマズルカ、ワルツあるいはボレロを研究していく、といった具合に。だが、この場でそのような学問をするつもりはない。そのようなことをしても、喜ぶのは対位法や通奏低音の専門家くらいのものだから。

ショパンの作品は、あふれ出る豊かな情緒によって人々に認知され、また、親しまれてきた。その情緒はいかにもロマン主義的で、作曲家固有の主観を映し出したものに違いなかったが、どこか不思議な魅力をもっていて、聴く人の心にたちまち強い共感を呼び起こした。同国人はもちろん、〈亡命の悲しみ〉や〈愛の優しさ〉を知るすべての人の心を震わせた。彼の才能をもってすれば、どんな情緒も完璧な気品を備えさせたまま自由自在に表現することができそうだった。けれども、ショパンはそうした成功に酔うことなく、自らの理想を古典的形式という鎖に繋ぎ止めることを願って、協奏曲やソナタを作曲した。それらは見事な出来栄えであった——霊感より努力の跡が色濃く表れていることも事実ではあるが。やはり、彼の堂々たる才能は幻想的かつ衝動的なものであるから、その美しさを最高度に引き出すには、完全な自由が必要とされたのかもしれない。既存の法則や形式に従うことを強いられた場面では、才能はいくらか霞《かす》んでしまった。彼の特殊な才能は、あらゆる束縛から解き放たれて大海へ漕ぎ出し、ただ気の向くままに流れて行くことを求めていた。ショパンは内心の要求と古典的な制約との間で板挟みになっていたのである。

ことによると、彼は祖国ポーランドにおいて初めてロマン主義の詩を発表した詩人ミツキェヴィチ(7)（この人はショパンの友人でもあった）の例にならって、二重の成功を欲したのかもしれない。『ジャドイ』や『バラードとロマンス』の出版を機に、早くも一八二〇年頃にはスラヴ文学に一派を築き上げたミツキェヴィチは、その後、『グラツィナ』と『コンラッド・ヴァレンロッド』の発表によって、心に浮かぶ霊感と古典的規則とを両立させるという難事業を果たしていた。一口に言えば、古代の詩聖のように竪琴《リラ》を携えてもなお卓越した詩人であり続けられると証明してみせたのである。とはいえ、これに似た取り組みにおいて、ショパンがミツキェヴィチに匹敵する成功を収めたとはいいがたい。やはり、我々を甘美な観念の世界へと誘うあの不思議でつかみどころのない情緒は、角張って硬直した鋳型に流し込まれるべきではなかったのだ。彼の音楽のもつぼんやりとしたスケッチのような曖昧さは、剛直な線の世界には似合わない。雲の合間から顔をのぞかせるオシアン(8)の胸白き乙女たちが、そのおぼろげな――しかし愛らしい――姿を下界の人間に見せるときにはそっと霧をまとっているように、ショパンの魅力もまた淡い霧によって形式の骨組み全体を包み隠してこそ最大限に引き出された。

しかしながら、いくつかの作品においては、威厳ある様式美から生み出される稀有な輝きや、並外れた魅力と重厚さをもつ卓越した楽節を見出だすことができる。一例としては、ショパン自身がこよなく愛して頻繁に演奏した《ピアノ協奏曲第二番》[9]の第二楽章があげられる。この緩徐楽章《アダージョ》は、驚くほどに雄大な主題をもちながら、細かい装飾音の一つ一つに彼一流の魅力が輝いている。美しい主題は短調の響きを帯びた対照楽節《アンティストロペー》である朗唱《レチタティーヴォ》と交差していく。この作品を構成するすべての音がほとんど理想的なまでに完成されている。美しい光彩と、すぐにも壊れてしまいそうな繊細な感傷。まるで、夏の輝きと光沢に満ちあふれるあの素晴らしい景勝地、テンペの渓谷において、死の苦しみを帯びた悲惨な物語が展開されているかのようだ。比類のないほどに輝かしい風景に目を奪われながらも、その心臓は取り返しのつかない後悔に襲われて激しく脈を打っている。ショパンは異なる性質の音を巧みに混ぜ合わせて、暗い色調のなかにも甘美な輝きをあたえることができた。だから、喜びを曇らせながらも悲しみを和らげる神秘の響きが、何物にも遮られず、いかなる不調和も起こさず、最後まで美しく広がっていくのである。

ミツキェヴィチ

　加えて、我々は、《ピアノソナタ第二番》[10]に挿入され、彼自身の葬儀の際にはオーケストラによっても演奏されることとなった、あの《葬送行進曲》[11]を黙過するわけにはいかない。この曲のきわめて悲痛なアクセントによってしか、あの涙を――誰よりも死の嘆きの深さを知る崇高な魂を永遠の眠りへ向けて送り出すときのあの感情を――真に表現することはできなかった。かつてショパンの同国人はこう言った。

「この楽章はポーランド人にしか書くことができないのです。」

平穏な世界へ向けて力強く死者を送り出す臨終の鐘――。鐘の響きに交じって聞こえてくる人々の嘆き――。我々はその高貴な哀愁と悲しみのなかに、国家の滅亡と死に涙する人々の途方もない葬列を見た。この物悲しい歌にはポーランドの〈神秘的な希望〉が満ちている。その乞うような旋律を通して、神の慈悲と哀れみと正義に向けられた〈敬虔な祈り〉が、悲劇に威厳ある輝きを添えた〈高貴なあきらめ〉が、そして、絶望を知らないキリスト教殉教者たちの雄姿を思い出しながら数々の辛苦に対峙した〈気高き忍耐〉が、我々の目の前に蘇ってくる。何よりも純真な願いが、何よりも神聖で、敬虔で、希望に満ちた願いが、残された子供や女、僧侶たちの心のなかに込み上げてきて、反響し、顫動《せんどう》し、震動している――。我々がこの曲を聴いて思い浮かべる情景は、一人の戦士の死の場面ではない。また、彼を弔《とむら》う人々の横で、生き残った戦士たちが復讐を誓うといった場面でもない。それは、すべての戦士の命が永遠に失われ、ただ死の歌とそれを歌う人々――声を上げて泣く女、涙を流す子供、そして無力な僧侶――だけが残された情景なのである。しかしこの音楽は、そのような途方もない嘆きと無残な悲しみにあふれていながらも、地上のものとは思えないほどの甘美な響きも聴かせてくれる。残された人々の激情を死への畏怖と時間の経過とによって鎮めていくようなその甘い音色は、まるで天国に響く天使の歌であるかのように、我々を深い瞑想へと導いていく。国家の苦悶《くもん》の叫びが届けられたのだ、神の玉座へ！　人間の悲しみが訴えられたのだ、熾天使《セラフィム》の竪琴《リラ》を通して！この気高き悲歌《エレジー》は、喚《わめ》き声や掠《かす》れた呻《うめ》き声によっても、卑俗な冒瀆《ぼうとく》によっても、猛烈な怒りによっても、決して乱されることがない。ただ、天使のため息のような、優しい息遣いだけが聞こえてくるのである。これは古典的な悲しみの表現とはまるで異なっている。カッサンドラの怒りも、プリアモスの服従も、ヘカベーの発狂も、トロイの捕虜たちの絶望も、少しも顔を出しはしない。トロイア戦争[12]における遺族が見せたような世俗的な弱さは、この作品には認められない。キリスト教徒としての高潔な信仰によって、苦悩からは恨みが、絶望からは臆病が、取り除かれた。物悲しい旋律は、血と涙で濡れた地面を離れて、神への嘆願のために天へ昇ろうとする。もはや地上には希望が残されていないために、切実な祈りの言葉で——我々の胸を刺すような悲愴な旋律で——至高の審判者たる神に嘆願するのである。

　とはいえ、この傑作だけを見て、「ショパンのすべての作品は古典的感情と無縁であった」などと断言するのもよくない。実際、それは誤りなのである。きっと、このような力強い自制や勇気ある服従を常に保ち続けることは人間の性質としてできないことなのであろう、彼の多くの作品には息苦しいほどの怒りや抑えきれない憤りも影を落としている。特に練習曲《エチュード》やスケルツォの多くでは、あるときには辛辣な皮肉とともに、あるときには偏狭な不遜とともに、そうした激しい憤怒や絶望が描写される。しかし、ショパンのこういう陰鬱な側面は、彼のもう一つの側面——詩人のごとき繊細な感受性——ほどには人々の気を引いてこなかったし、また、十分に理解されてもこなかった。ショパン自身の性格もその一因となった。彼はいつも親切で、礼儀正しく、物柔らかで、落ち着いていて、そしてどこか楽しげに見えるようにふるまっていたのだ。ことによると、その心をかき乱す激しい苦痛の存在を誰にも知られたくなかったのかもしれない。

ショパンの性格を理解するのはたやすいことではなかった。無数の捉えがたい心の陰翳《いんえい》が次々に入り交じり、交錯し、矛盾し合い、あざむき合うために、一目見ただけで彼の真意を解読することはほとんど不可能であったといえる。多くのスラヴ人がそうであるように、彼もまた心の奥底を知られるのを嫌っていた。スラヴ人との付き合いにおいては、彼らがどれだけ義理堅く、正直で、親しげで、人を魅了してやまない物腰の柔らかさをもっていても、それだけをもって彼らが心を許して率直な気持ちで接してくれていると考えてはいけない。彼らの感情は、その全貌を捉えられないようにと、蛇のごとくに蜷局《とぐろ》を巻いていて、そのきらびやかな鎖の縺《もつ》れをほどくにはきわめて注意深い考察が求められる。だから、スラヴ人の礼儀正しさや謙遜を額面通りに受け取るのは少々世間知らずなことなのである。実際、こうした礼儀や慎ましさは、彼らの間で代々受け継がれてきた世渡りの術にほかならないのだ。そのふるまいには、どこか、古代からの東方世界との繋がりを感じさせるものがある。もちろん彼らにはイスラーム教徒的な寡黙さというのは少しも見られないが、自身の繊細な心に近付こうとするすべてのものを疑い深く遠ざけるあのよそよそしさは、間違いなく、東洋人から学び取ってきたものであろう。

自分自身について話すとき、スラヴ人はいつもその慎ましい態度のなかに何かを隠して、知性や情緒の面で相手より優位に立とうとする。色々な質問を受けても、他人の興味を引くような境遇とか個人的秘密とかについては注意深く避けて何一つ語ろうとしない。そうした事柄はすべて彼らの微妙な表情のなかに——ほとんどわからないほどのわずかな嘲《あざけ》りを含んだ微笑みのなかに——隠されてしまう。彼らは質問者を巧みなやり方で煙に巻き、気高い事実も、滑稽な事柄も、苦く憂鬱な感情も、決して明かさない。しかし、このあてにならない問答のなかにこそ、彼らの秘めた優越感が垣間見える。抑圧を受けてきた人々というのは、心のなかでは不遜な誇りを抱いていても、それを直接的に言葉で示すことはしないものなのである。だから、病に冒されていたショパンもまた、内なる情熱を精力的に表現しようとはせずに、ただその性格の優しく温かい一面だけを友人に見せていた。加えて、慌ただしく活気に満ちた大都市においては、誰一人として他人の運命について考えるだけの時間を持ち合わせず、誰一人として目に見える活動以外には興味を示さないものであるから、ショパンの個性に秘められた謎を解き明かしたいと思う人もまた少なかったことだろう。もっとも、ショパンと親しい付き合いをした人は皆、あの落ち着いたふるまいの奥に、彼が日常的に感じていたであろう倦怠と苛立ちを垣間見ないわけにはいかなかったが。では、人間としての彼が感じていた雪辱は誰によって果たされたのか？　それは、疑うべくもなく、芸術家としての彼自身によってであった。激しく感情を爆発させて苛立ちを発散するだけの体力がなかった彼は、その代わりに、やりきれない思いを自らの作品のなかに注ぎ込むことにした。だからこそ、彼自身の体力ではかなわないほどの気迫を奏者に要求する作品や、人に知られたくない苦痛を抱えた人間に特有のあの熱烈な情緒に満ちた作品が、今日、我々のもとに遺されているのだ。華やかな船旗《せんき》を掲げながらも、その船は沈みかかり、辺りには、吹きつける風と打ちつける波によって引き裂かれた帆柱と船底の破片が漂う――。ショパンは自らの作品を激情の荒海に浮かべたのである。

ショパンの人生において、こうした激しい感情はなおのこと大きな重要性をもつようになり、それらが晩年の作品の情緒を形作った。荒れ狂うような感情のもとで書かれた作品には、ジャン・パウル⑬のあの極端に過敏な小説との間に多くの共通点が見出だされる。この小説家は、苦痛に慣れて無感覚になった心を感動させるために、怪奇現象によって巻き起こされる驚きや、超常現象によって生じる官能的な恐怖や、幻覚に侵された脳に沸き上がる病的な興奮を必要としたのだった。そして、ショパンの苦悶する魂も、一歩ずつ、病的な過敏性の極致へ向かっていった。感情は落ち着きのない震えを帯び、後年の作品に特徴的な、あの思考の錯綜と屈折を生み出すようになった。鬱々とした感情に窒息しそうになりながら、自らの精神的悲劇を自らのために再現することだけを目的として、すでに疲弊した感覚を無理に研ぎ澄ましていったのだろう。現に、彼の旋律には苦しみが滲み出ている――休まることのない神経質な感覚が、個々の旋律への異様な執着と、個々の痛々しい動機《モチーフ》への執拗な追及をもたらしている。だから、それらの旋律や動機《モチーフ》を聴くと、まるで死によってしか癒すことのできない激しい苦痛に悶える人を見ているかのような、悲痛な印象を受けてしまうのである。

ショパンは治癒する望みのない病にかかった。病は年々悪化して、ついには、まだ若かった彼を友人たちのもとから連れ去り、静かな棺桶に寝かせてしまった。そして、古今東西の美しき犠牲者の例に漏れず、彼の死にもまた、死肉をついばむ猛禽類《もうきんるい》の鋭い鉤爪《かぎづめ》の痕が残されたのだった。だからこそ、我々が先ほどから取り上げてきたような作品の数々においては、彼の心をむしばんできた苦痛の痕跡が、今もなお、痛々しく認められるのである。

（1）新約聖書『ルカによる福音書』第四章二四節

（2）ラファエロの絵画。"The Vision of Ezekiel" (ca. 1518).

（3）ヤーコプ・ファン・ロイスダール（Jacob van Ruisdael, ca. 1628–1682）。オランダの画家。『ユダヤ人墓地』に代表される、憂鬱かつ劇的な風景画を残した。

（4）ピエール＝ジャン・ド・ベランジェ（Pierre-Jean de Béranger, 1780–1857）。フランスの風刺詩人。シャンソンの作者として名をはせた。

（5）フランチェスコ・ペトラルカ（Francesco Petrarca, 1304–1374）。一四行詩《ソネット》を確立させたことで名高い、中世イタリアの詩人。特に『抒情詩集《カンツォニエーレ》』の恋愛抒情詩は長く各国の詩人の手本とされた。

（6）ジャン・ド・ラ・フォンテーヌ（Jean de La Fontaine, 1621–1695）。フランス古典主義の詩人。代表作である『寓話集』は、自然で優雅な韻文を駆使した傑作として知られる。

（7）アダム・ミツキェヴィチ（Adam Mickiewicz, 1798–1855）。ポーランドの詩人。革命運動に加わり、ヨーロッパ各地を放浪しながら、祖国への愛を歌った。

(8) Ossian. 三世紀頃のケルト族の伝説的勇者。スコットランドなどの高地に暮らし、吟遊詩人として多くの叙事詩を生み出したとされる。
(9) Piano Concerto No. 2, Op. 21 (1829).
(10) Piano Sonata No. 2, Op. 35 (1839).
(11) “Marche Funèbre” (ca. 1837).
(12) ホメロスの叙事詩『イーリアス』において語られる、ギリシアとトロイアとの戦争。
(13) ジャン・パウル (Jean Paul, 1763–1825)。ドイツの小説家。後進的なドイツの現実を空想や夢との対比のなかで描き出した。主要作品には『巨人』や『生意気ざかり』などがある。

第二章　ポロネーズ

"Chopin's Polonaise – a Ball in Hôtel Lambert in Paris." (1859)
by Teofil Kwiatkowski

ポロネーズの原初的性格

我々は先ほどからショパンの痛ましいほどに不安定な情緒について言及してきたが、それらが彼の作品を構成する音楽の繊維を傷付けているなどと考えるのはよくない。むしろ、それらは彼の音楽の興味深い特徴でもあるのだから。とはいえ、そうした陰鬱な性質は、ポロネーズを始めとする彼のよく知られた――そして多くの人に称賛された――作品においてはほとんど姿を現さない。

ショパンのポロネーズは、その魅力を伝えきるには相当な技巧が必要とされるために、素晴らしい価値をもちながらもなかなか演奏される機会のない作品群であるが、そこには彼の高貴な着想がいかんなくつぎ込まれている。ポロネーズというと、舞踏室のオーケストラや演奏会場のヴィルトゥオーゾらに好まれてきたあの仰々しくもったいぶった〈ポンパドゥール風ポロネーズ〉や、あるいは何の面白みもなく退屈なだけの陳腐な音楽の集合体である〈サロン向け作品〉を思い浮かべてしまうかもしれない。だが、ショパンのポロネーズはそれらとは似ても似つかない。快活なリズムを聴かせる彼のポロネーズは、どれほど気力や関心に乏しい人々にさえ、電撃に打たれたような驚きをあたえてしまうことだろう。そこには、古きポーランドから受け継がれてきたきわめて高貴な情緒が体現されている。ポーランドに生きた男たちの不屈の精神と静かな自信が、作品を通して、息遣いとして聞こえてくる。彼らの好戦的な性格を象徴する度胸と勇敢さが、気取らない表現（これもまた、この血気盛んな国民の目立った特徴なのだ）によって描かれている。これらの曲を聴くと、年代記にあるようなかつてのポーランド人の雄姿がはっきりと目に浮かぶ。強靭な肉体、繊細な知性、不屈の勇気、深い信仰心、高潔な礼儀、仲間への思いやり——。戦いの前夜であろうと激しい戦闘の最中であろうと、あるいは、勝利の高揚を味わう瞬間であろうと敗北の屈辱のただなかであろうと、それらは決して失われることがなかった——。こうした騎士道的な性質は、ポーランドの歴史を見ればわかるように、彼らの土地で脈々と受け継がれてきたものである。彼らは（これは彼らの宿敵であるイスタンブールの異教徒にも通ずることだが）女たちを家庭生活に縛りつけて法律上の後見が必要な立場に置いてきた一方で、その年代記においては、今もなお、数々の女王を聖女のように賛美して神聖視しているのだ。王妃となった侍女たち——。王冠を危険にさらし、ときにそれを失わせるほどに国王らを魅了した美しい娘たち——。恐ろしいスフォルツァ家、好奇心をそそるダルキアン家、艶かしいゴンザーガ家——。

往年のポーランド人は、男性的な意志の堅さをこうした独特の騎士道的愛情に結び付けた。なかでも特徴的な例は、ポーランド王ヤン・ソビエスキ(1)が妻に宛てて戦場から送った恋文であろう。それらは、〈穀物畑に実る穂のような〉おびただしい数のイスラーム教徒の軍旗を前にして書かれたにもかかわらず、優しく一途な言葉にあふれていたのである。そんな騎士道的な国民性は、ともすれば尊大な態度ともとられかねないほどに威厳に満ちた男たちの品行を通して、一つの威風堂々たる美徳に結実した。明らかに、イスラーム教徒の影響を受けながら。ポーランドの人々は、侵攻してくるイスラーム教徒を追い払いつつも、彼らの美点――風格ある優雅なふるまい――を高く評価して、無意識のうちに模倣した。そして、この異教徒のように、自らの行動を理知的なものにする術を知ったのである。ポーランドで語り継がれてきた勇敢王ボレスワフ一世[2]の銘句にもこうあるではないか。

熟慮し、次いで断行せよ！（ERST WÄG'S, DANN WAG'S!）

この言葉に見られる慎重さこそが、彼らの行動に一種の〈厳かな自尊心〉をあたえ、また、彼らの精神に、ほんの小さな思いやりや、過ぎ行く日々の些細な瞬間、あるいははかなく消えてしまう一瞬の心の印象にさえ感動することのできる、〈自由とゆとり〉をあたえたのだった。ポーランド人の騎士道において、人から受けた繊細な愛情に報いることが重要視されているのはこのためである。つまり、彼らは慎重さという美徳のなかから自らの人生を美しいものにする術を見出だし、そして、さらによいことには、自らの生活を潤いのある貴重な時間へと高めてくれる人を愛し敬う術を発見したのだといえよう。

ポーランドの騎士道的な英雄主義は、男たちの重々しく不遜な威厳によって高められ、さらには、理知的な熟考から生まれる確信によって理性の力を加えられたことで、あらゆる時代のあらゆる人々から（彼らの宿命の敵でさえもその例外ではなかった！）称賛の念を勝ち得ることとなった。その特徴は不思議な組み合わせによって成り立っているので、文字で表現することは容易でなく、ほとんど矛盾しているかのような描写によるしかない。がむしゃらな叡智、大胆な思慮、そして、熱狂的な運命論——。ポーランドの歴史において、これらの性質がもっとも顕著に——そしてもっとも名高い形で——示されたのは、ウィーンをオスマン帝国[3]の包囲から救い出したヤン・ソビエスキの遠征の際であった。彼はそこでオスマン帝国のイスラーム教徒たちに致命的な打撃をあたえたあと、その後の長い戦争にも参加して東欧の覇権をキリスト教陣営に取り戻すことに貢献するのだが、この死闘が長引いたのは両陣営における〈互いへの敬意〉と〈優れた武勇〉がどちらも見事に拮抗したからであった。両陣営とも、停戦においては寛大で、戦闘においては少しの妥協も見せなかった。

我々はショパンのポロネーズを聴くたびに、そこに、強硬とした——いや、強硬という言葉では足りないような、重く、決然とした——男たちの靴音を聞く。それは、どんな過酷な不正義に対しても、どんな情け容赦のない悲惨な運命に対しても、決して怯《ひる》むことなく雄々しい勇気を奮い立たせて挑んでいく男たちの靴音である。そして、音楽が進むにつれて、パオロ・ヴェロネーゼ[4]が描いたような、往年の豪華な礼服をまとった人々の群れが目に浮かんでくる。次から次へと通り過ぎていくきらびやかな品々——。

ヤン・ソビエスキ

金襴《ブロケード》、天鵞絨《ベルベット》、ダマスク織の絹織物《サテン》、柔らかくしなやかな黒貂《クロテン》、肩の上に優雅に投げかけた袂《たもと》、見事な浮き彫りの剣《つるぎ》、金色に輝く靴、踏み躙《にじ》られた血に染まったような赤い編み上げ靴、波型の長い房飾りの付いた肩帯《サッシュ》、身体《からだ》に密着した胸衣《シュミゼット》、さらさらと擦《す》れ合う裳裾《もすそ》、真珠の宝石刺繍がほどこされた胴衣《ストマッカー》、ルビーや葉のようにちりばめられたエメラルドの輝きが美しい髪飾り、琥珀《こはく》で豪華に飾られた軽い上靴、後宮《ハーレム》の贅沢な薔薇油《アター》の香りを漂わせる手袋――。

はるか昔に過ぎ去り色褪《いろあ》せたはずの背景から、華やかな一団が歩き出す――。彼らの足下には豪華なペルシャ絨毯《じゅうたん》が広げられ、周囲に目をやると、金銀細工《フィリグリー》のほどこされたコンスタンティノープル製の家具が並んでいる――。何もかもが、大領主《マグナート》(5)の豪奢な放蕩《ほうとう》生活を思わせる。かつてポーランドで絶大な権力を誇った大領主《マグナート》らは、紋章の浮き彫りがされたルビーの酒杯《ゴブレット》(6)でトカイの葡萄酒を口元へ運び、足の速いアラビア軍馬に銀の蹄鉄《ていてつ》をはかせ、そして、それぞれの家紋の兜《ヘルム》には、神に定められた運命の成り行きによっては彼らが手に入れることとなるかもしれない王冠を頂かせたものだった――ときに〈小国王〉とも呼ばれた彼らは、王以外の称号を軽蔑していたのである。

今世紀初頭(7)にポロネーズが踊られるのを見た人々でさえも、この舞踏様式があまりに大きな変化を経てきたせいで、もはやその原初的な性格をたどることはほとんど不可能であると断言している。実際、今日では大半の民族舞踏が独自の本質を失っているのだから、ポロネーズにしても、本来の魅力とはすっかりかけ離れた、より退化したものになっていると考えるのが妥当であろう。今日のポロネーズには素早い動きが見られず、芸術的な意味で〈真のステップ〉と呼びうるような、優雅な気品を漂わせるステップも感じられない。そこにあるのは〈虚飾のステップ〉だけである。この舞踏が本来備えているはずの不遜な存在感や誇らしげな顔つきは完全に失われている。このことは、きらびやかな装飾品をはぎ取られて、ただぎこちなく昔の衣裳をまとう踊り手の姿にも表れている――そうした装飾品こそが、重々しくも活気ある仕草や臨機応変な身振りを可能にするというのに。ポロネーズという舞踏は、時の経過とともに、明らかに単調なものとなってしまった。ただぐるぐると歩行しているだけで、ほとんど面白みが感じられないのだ。

ポーランドの大領主《マグナート》

かつてのポロネーズを彩ったであろう無数の表情や劇的な身振りは、今となっては、古風な衣裳をまとった旧世代の人々が踊る姿を見るか、そうした老人たちがこの舞踏の往年の魅力について表現豊かに語るのを聞くことによってしか、思い浮かべることができない。ポロネーズという舞踏は、男たちの威厳に満ちた気高い仕草や勇ましくも優雅な身のこなしを引き立たせることによって〈華麗なる男性美〉を示そうとする珍しい舞踏である。勇ましくも優雅な――。この相反する形容詞の組み合わせこそ、ポーランドという国の性格を見事に表しているよう

ジュパンの上に
コントゥシュを羽織る貴族

に思えてならない。元来、ポロネーズという言葉は男性名詞であったが、それが他国語に翻訳されるうちに女性名詞へ変えられてしまったのは、ひとえにこの舞踏の本質が誤解された結果なのである。

　コントゥシュ[8]が着られているところを見たことがなければ、ゆっくりと身を屈めたり、急に身を起こしたりといった、ポロネーズ本来の繊細巧妙な身振りを想像することは難しいだろう。この衣裳はいわば西洋風のカフタン[9]で、もともと東洋人の外衣であったものを、東洋思想の教える静かな諦観《ていかん》とは相容れないポーランド人の活動的な生活習慣に合わせて改良したものである。その長い袂《たもと》が後方へ翻《ひるがえ》るたびに、男たちの動きには優美な色気が加えられた。コントゥシュを着た男たちは閲兵式のごとく一列に並んで行進し、ポロネーズを踊った——時折、そのたくましい指を長い口髭《ムスタッシュ》や剣《つるぎ》の柄に戯れさせながら。口髭《ムスタッシュ》と剣は、衣裳の構成に欠かすことのできない装飾品であるとともに、どの年代の男にとっても見栄とあこがれの対象であった。山羊毛織《カシミヤ》の腰帯に（もしくは金糸の刺繍がほどこされた絹の肩帯《サッシュ》に）吊り下げられた剣には、ダイヤモンドやサファイアがちりばめられ、きらきらと輝いて、わずかに弛《たる》んでしまっている身体を引き締まったように見せてくれた。他方、口髭《ムスタッシュ》はというと、しばしばさりげなく覆い隠すのだった

――どんなにまぶしく光り輝く宝石飾りよりもはるかに魅力的なものである、頬の傷痕を。男たちの衣裳は、身にまとう生地の贅沢さの点でも、宝石の価値の点でも、そして鮮やかな色彩の点においても、女たちのそれに引けを取らなかった。*

ポロネーズの舞踏会

さて、帽子の優雅な着脱というのは、それ自体が一つの技芸として成立しうるほどに奥が深いものである。かつてのポロネーズにおいても、ひときわ人々の注目を集めたのはこの帽子の扱い方であった。踊りの列を指揮する先頭組の騎士が帽子を操ると、それが無言の合図となって、後列の踊り手たちの動きに反映された。この役目を担ったのは舞踏会を催した家の主人であった。彼と踊る婦人は、若さや美しさによってではなく、高い名誉によって選ばれた人である――ポーランドのすべての饗宴

---

*ところで、この種の装飾への愛好というのは、ハンガリーの民族衣裳にも見ることができる。宝石から作られたボタン、重要な装身具として扱われる指環、精巧な襟止め、美しい色調の天鵞絨《ベルベット》の帽子を飾る羽飾り《エグレット》、等々。とりわけ、ジョージ四世の戴冠式の際にニコラウス・エステルハージ侯がまとったハンガリーの伝統衣裳には数百万フローリンの価値があったともいわれ、今も英国の人々の間で語り草となっている。

や祝宴の始まりを彩ったこの踊りの隊列は、若者ばかりが並んで踊るような代物とは違って、美しい貴婦人や地元の名士たちが加わっていることも特徴の一つであった。高名な人々による華々しい〈閲兵式〉は来客に至上の喜びをあたえたことだろう。そして、主人に続くのは、来賓のうちでもっとも敬意を払われている紳士らである。彼らは、ときには友情から、ときには処世の知恵や昇進への欲求から、そしてときには愛から、相手の婦人を選び出したあと、懸命に主人のステップに従った。要するに、主人の役割は現在のそれとは比べ物にならないほど複雑だったのである。

主人には、気まぐれに曲がった通路やひと続きになった居間の数々を華麗に通り抜けて、立ち並ぶ来客（彼らも後半になるとこの舞踏に加わる）を魅了しながら踊りの列を先導することが期待されていた。踊り手たちは遠く離れた回廊や美しく装飾された庭園の刺繍花壇《パルテール》へと導かれて踊り歩くのを楽しんだ。庭の植え込みの木々の間を進む頃には、音楽はもはやかすかな反響としてしか聞こえなくなっていたが、ふたたび大広間へ戻ると、まるでその報復のごとく、いっそう大きくなった音楽とトランペットの強烈な響きが迎えてくれた。植え込みの生け垣さながら通路に沿って並ぶ観衆は、絶えず互いの場所を変わりながらも片時も踊り手たちから目を離さなかったので、踊り手の方もそれに応えて最後まで威厳ある態度とふるまいを保ち続けた——婦人たちからの称賛の眼差しと、紳士たちからの羨望のため息を勝ち得ようとして。

舞踏会の主人は、虚栄心と喜びから、うっかり自惚《うぬぼ》れの気持ちを垣間見せてしまったに違いない。何しろ、名家の人々やその高貴な取り巻きが自分の周りを囲み、しかも、自分の舞踏会を訪ねて自分への敬意の念を示すために選んできた衣裳の豪華さを、互いに競い合っていたのだから。

そして、賓客たちは主人に案内されて館のなかを回った。ポロネーズを踊りながら部屋や通路をうねうねと進んでいくと、そこかしこに思いがけない装飾や眺望が待っていた。彼らを驚かせるためにあらかじめ用意されていたのである。また、建築上の仕掛けや風景の移り変わりなども、客人を喜ばせるために細心の注意を払って計算されていた。そのうちに、頃合いを見計らって、記念碑か何かの置かれた場所にさしかかると、碑文に書かれた〈もっとも勇敢な、あるいはもっとも美麗な、貴き人〉への賛辞が主人によって優雅な物腰で披露された。

こうした遊覧のために用意された仕掛けが意表を突くものであればあるほど、そして、創意に富むものであればあるほど、若者たちの称賛のどよめきはいっそう大きなものとなり、喜びの叫びはいっそう熱狂的なものとなった。銀鈴を振るようなにぎやかな笑い声は、今しがた名声を手に入れて特権的なコリュパイオス(10)となったばかりの〈最高指揮官〉の耳に心地よく響いたことだろう。このとき、彼がもしある年齢以上の男であれば、ポロネーズの遊覧から戻って案内を終えるやいなや、ともに館を回った若い婦人らに取り囲まれて、彼女らから〈すべての来客を代表して〉感謝と祝福の言葉を伝えられた。興奮に頬を赤らめてあれこれと語るこの可憐な乙女たちは、多くの客人の好奇心をくすぐったに違いない。舞踏に参加せず、まるで光り輝く彗星の流れに見入るかのようにじっと経過を見守っていただけの人々にも、次のポロネーズでは列に加わろうという気持ちが芽生えたことだろう。

ところで、貴族制と民主制の入り混じるこの土地では、由緒ある家々において膨大な数の使用人が扶養されていた。彼らの気高い精神もなかなかのもので、近隣の使用人たちも、こうした祝宴に参加するにはあまりにも貧しく場違いであることを自覚していたので、主君らの求めによってではなく自らの高潔な意志によって辞退を申し出ていた。舞踏会を催した家の主人はこうした事情もよく知っていたので、近隣の家々に残った使用人たちを楽しませてやることにも心を尽くした。虹色の輝きを放つ滑らかなポロネーズの輪は、まるで大蛇のごとく、円形に丸まっては横一列に大きく伸び、その波立つような輪郭線を通して、遠くの大邸宅の窓から眺めている人々にも鮮明なきらめきを見せつけたのだった。彼らは、金の鎖の擦れ合う音や、華麗なダマスク織のさらさらと衣擦れする音、そして宝石のちりばめられた剣が引きずられる音などが魅力的に合わさったざわめきのなかから、活気と変化と輝きに満ちたポロネーズの流れを感じ取ったりもしたことだろう。

　こうした細かい気配りの才能は、単に貴き生まれの人々の社交儀礼に欠かせなかったばかりでなく、その古風でありながらも感動的な素朴さを通して、ポーランド文化の細部にまで——それも、一つの文明の極致ともいうべきすべての微細な点にまで——霊感をあたえてきた。一口に言えば、ポーランドの文化が、これほど著しくポーランド的な舞踏文化の精細《ディテール》から無縁でいることなど不可能だったのである。

　さて、式辞を述べたり、名誉ある貴婦人のために用意した道順に沿って最初のポロネーズを先導したりして、主人が来客一同に然るべき敬意を示し終えると、今度は客人のうちの一人が、主人が相手に選んだ婦人に対して踊りの申し込みをする。この新たな騎士は、手を打ってしばし踊りの列を止めると、主人の相手の前へ進み出て、頭《こうべ》を垂れながらうやうやしく交替の願いを伝える。主人は彼に相手の婦人を譲り、次の婦人に対して同様の申し出をする——続く人々もこの例にならう。主人の選んだ貴婦人と踊る名誉を求めて紳士たちが次々と申し込みをするために、婦人らは絶えず踊りの相手を変えていくこととなるのだが、並びの順番自体は最後まで変わらない。一方で、紳士たちは毎回場所を入れ替わっていくので、先頭に立って舞踏会の始まりを告げた主人も、踊りが進んでいくうちに段々と最後列の方へ追いやられていき、ついには踊りの列から押し出されてしまう。先頭列に進み出た紳士は、冒頭の動きの斬新さや、後列で期待に胸を膨らませる踊り手たちを右へ左へ優雅に先導していく動きの複雑さにおいて、前任の〈指揮官〉を上回ろうと努めた。あるいは、一つの居間だけで踊らなくてはならないような場合でも、優美なアラベスク模様や謎めいた暗号をなぞるかのように列を先導することで人々の目を楽しませようとした。紳士たちは順番に先導役を名乗り出ては、自分こそがその役割にふさわしいことを示そうとして、様々な技量を見せつけた。複雑かつ緻密な逕路《けいろ》を正確に描き出すことは簡単ではなかったから、彼らは相当知恵を絞ったに違いない。さもなければ、生きたリボンのように曲がりくねる踊りの列は、たちまち結び目からほどけて、混乱や見苦しい動揺を見せてしまうのだ。

後列の踊り手たちは先導者の動きを真似して一定の調子を保っていればそれでよかったのだが、かといって、寄木細工の床に沿ってだらだらと気怠そうに進むだけでは役割を果たしたことにはならなかった。彼らのステップには躍動感があった——抑揚に富み、波打つようだった。優美な動きが見事に合わさって、踊りの列全体が揺れ動く。慌てて前進しすぎたり、とっさのことで急な動きを見せたりしないように、皆が注意を払っていた。ゆるやかな流れに乗って小川をくだる白鳥のごとく、目に見えない穏やかな波に運ばれて、優雅に進んでいく。先頭の紳士は美しい相手に右手を差し出し、かと思うと、今度は左手を差し出している。その雪白の美しい肌に見とれることなく、彼女の指先にそっと手を触れ、あるいはその華奢な手をしっかりと握り締め、右へ左へ踊り歩いていく。彼の動きは後ろで踊るすべての組に波及したが、その様子はさながら巨大な蛇の身震いを思わせた。

ところで、こうした複雑な動作に心血を注いでいるように見える紳士たちは、実は、頃合いを見計らって相手の乙女の前に身を屈め、甘く優しい言葉をささやいている。相手が若くない婦人であるような場合にも、打ち明け話をしたり、頼みごとをしたり、世間で話題になっている事柄について話をしたりしている。それから彼らは堂々と身を起こし、携える武器を鳴らすと、立派な口髭《ムスタッシュ》を軽くなでた――この仕草がたくましい顔つきを効果的に引き立てたので、婦人らの方も無意識のうちに生き生きとした表情でこれに応えていた。

このように、かつて演じられたポロネーズは現代の〈無感覚で陳腐な歩行〉とは違っていた。それはむしろ、自尊心が強く、高潔と礼儀を重んじ、自己の優雅や華麗を誇りとする、光栄ある人々による〈閲兵式〉とでも呼ぶべきものだった。ポロネーズという舞踏は、一貫して、光輝と栄誉と名声を示す舞踏であった。戦争や政治論争に没頭して白髪《はくはつ》になるまで歳を重ねた男たち――。平和の衣よりも甲冑《かっちゅう》を身に着けていることの方が多かった将軍たち――。高い地位にある聖職者たち――。国家の要人である元老院議員たち――。好戦的な高級貴族《パラディン》たち――。野心あふれる城主たち――。そうした人々が、若く、快活で、輝かしい婦人たちから踊りの相手として望まれ、歓迎され、求められ、競われた。名誉と栄光がこの舞踏のなかで輝き、年齢の隔てをなくし、抗えない時の流れを忘れさせた――いや、それどころか、その時の流れに愛をも凌《しの》ぐ魅力をあたえたことも一度や二度ではなかった。

ポーランドの精神

ポーランドには、昔ながらのジュパンやコントゥシュを着続けることに強くこだわり、先祖にならって今もこめかみの周辺を美しく整えている人々がいるのだが、あるとき、我々は彼らの昔語りを聞くことができた。ポロネーズという真に国民的な舞踏の、ほとんど忘れ去られた発達や、威厳に満ちた性質について、彼らは実に生き生きと描写してくれた。このときに初めて、我々は完全に理解したのだった。この堂々たる国に生きる人々が生まれながらにして大きな自己顕示欲を備えていることを。そして、その虚栄心を、生来の優雅さと才能を通してゆるやかに覆い、武勇の誉れという輝かしい外衣で包み込むことによって、きわめて詩的な情緒へと高めてきたことを。

ショパンとの思い出を懐かしみながら彼の祖国を訪ねたときに、古くからの文化を保ち続ける人々と面会できたのは幸運な出来事だった。西洋文明という河の流れのなかで、個々の民族文化は（基本的な性質こそ留めてはいるが）日に日に角を落とされて原型をなくしていく。それだけに、こういう人々は本当に貴重な存在なのである。我々が出会った男たちは、日頃のふるまいの絶え間ない積み重ねによって培われ、磨き上げられた、優れた知性を備えていた。しかもそれでいて、彼らの人生は、自らの生まれた土地、自らの属する社会、そして自らの受け継いだ伝統のなかだけで完結していた。

通訳者の助けを借りてこれらの老人たちと対話するうちに、我々はポーランドの偉大さの秘密を理解していった。彼らの文化は完全に排他的な世界観のうえに成り立っているのだ。狭い範囲で培われた教養は、広い視野で物事を捉える機会を失わせる代わりに、彼らの心に独特の力をあたえた。未開人に見られるような、身近にある大切なものに対する鋭い直観。あるいは、特異な鍛錬を積んで、外の世界の誘惑や圧力から逃れられるだけの強靭な集中力を身に付けてこそ得られる、優れた洞察力。我々が出会った老人たちは、まさしくこういう力を保ち続けていた。そして、それらの独特の資質のなかに、我々はポーランドの原初的な精神を垣間見た——ポーランド本来の色合い、然るべき陰翳、そして生き生きとした背景が、その忠実な鏡に映し出された。彼らのような昔かたぎの人々だけが、今日急速に失われつつある慣習的な儀礼を通して、ポーランドの根源的な魂を教えてくれる。ショパンは、生まれてくるのが遅すぎたために、そして、その故郷を離れるのが早すぎたために、この魂を養う機会を十分にもてなかった。だが、彼は手本とすべき人々のことをよく覚えていたから、祖国の文学や歴史よりもむしろ自身の幼少期の記憶のなかから、直観的に、古きポーランドの光栄の精髄を見出だすことができた。だからこそ、我々は今日、薄暗い忘却の地から蘇り、詩的芸術の魔法にかけられ、永遠の生命をあたえられた、真にポーランド的な精神を聴くことができるのである。

詩人の本質的情緒に触れるためには、その詩に影響をあたえた彼の祖国について十分に知っておかなくてはならない。ピンダロス(11)の詩情は、透明に澄んだ空気のなかでパルテノン神殿が輝くのを見た人にだけ、完全に理解される。オシアンの情緒は、深い霧に包まれたスコットランドの山々を知っている人にだけ、完全に共感される。それゆえ、ショパンの創作の源となった感情を深く理解するには、ポーランドを訪ねていなければならない。そして、その土地において、過去の世紀の巨大な記憶がじりじりと迫ってきてまるで陰鬱な絶望の夜のように地面をすっかり覆ってしまうところを見ていなければならない。苦境のポーランドを絶えず追いまわす、あの奇妙な〈栄光の亡霊〉の強烈かつ不可解な影響を感じていなければならない。華やかな行事の最高潮のときでさえ、その亡霊のせいで、人々の心は悲哀に曇っているのだ。

〈栄光の亡霊〉は、過去の栄誉を偲《しの》ばせる言い伝えや惨殺された英雄の逸話が語られる都度、息を吹き返し、かつての国家的武勇を連想させる暗示が用いられる都度、墓場から蘇る。そして、いよいよ祝宴の場に姿を現すと、畏敬の気持ちの入り混じった極度の恐怖心を人々に抱かせる。その強力かつ不可解な慄《おのの》きは、ウクライナで語り継がれる〈美しき処女〉の伝説を思わせた。死神のように蒼白な顔をした〈美しき処女〉は、どこからともなく現れると、その赤々とした腰帯に農民の目を釘付けにしながら、彼らの住む平穏な村のなかをすうと通り抜けていく。そして、彼女がぼんやりとした白い手をかざすとき、その先にある家々の扉には、破滅の運命を告げる血のしるしが残されたのだった――。

何百年もの間、ポーランドの文明はすっかりその土地に根差した独特のものであったから、いかなる他国の文明とも似たところがなかった（実際、その独自性は今後も永遠に保たれていく運命なのかもしれない）。彼らの文化は、西方の国境を接するドイツの封建主義とも、東方の国境を脅かすトルコの征服的な思想とも異なっていた。ビザンツ帝国⑿の偉人たちから優れた政治政策や軍事戦術を学び、もったいぶった思考法を吸収していた一方で、いかにもヨーロッパ的な、騎士道に則ったキリスト教精神や、異教徒への闘争心も持ち合わせていた。だが、そこにイスラーム教徒的な狂信を孕《はら》んだ英雄性が加わると、これがキリスト教徒的な尊厳と謙遜を帯びた崇高な美徳とは相容れないものであったために、ポーランドという国の心臓部には滅亡と崩壊の種が宿された*。

それから、ラテン文字の読み書きが普及し、イタリアやフランスの文学に対する知識や愛好が育まれると、これまで述べてきたような驚くべき二面性はいっそう際立ち、文明の細部にまで顕著に影響をあたえるようになった。たとえば、これは絶えず戦争を抱える国々の特徴でもあるのだが、実践的な武勇を重んじたポーランドの人々は武者修行の冒険劇や馬上合戦《ジョスト》などには現《うつつ》を抜かさなかった。そういう戦争の真似ごとに興奮や華やかさを求める代わりに、風変わりな饗宴のなかで自己をきらびやかに顕示したいと思ったのである。もちろん、舞踏を見ればその国の性格がわかるという主張自体は前々から広く知られているし、ここでわざわざ繰り返すことに意味はない。しかしながら、我々としては、一国の根源的な衝動をありありと映し、しかもその国にみなぎる気風の全体像まで鮮明に示しているという点では、ポロネーズに並ぶ舞踏など存在しないように思えるのだ。かつて、ポロネーズという枠組みに織り込まれた個々の場面や出来事には、たしかに国民共通の直観がはっきりと見てとれた。いつしか本源的な焔《ほのお》が燃え尽き、踊りの合間に印象的な場面を作り出す人々もいなくなり、ただ決められた通りに機械的に居間を歩行するだけものに成り下がると、過去の栄光を偲ばせる亡骸《なきがら》以外の何物でもなくなるのだが。

ミツキェヴィチがポロネーズに捧げた優雅な韻文と、彼が叙事詩『パン・タデウシュ』の最後の歌のなかで書き尽くした素晴らしい描写を見たあとでは、我々の出る幕などないような感じがして、どうしても気が重くなる。もっとも、ポロネーズを描写したこれらの詩は他国語には翻訳されていないから、結果的に、彼の同胞であるポーランド人にしか読まれていないのもたしかだ。とはいえ、大詩人ミツキェヴィチがロマンに満ちた叙事詩のなかであれほど見事に描き出して彩色した主題であるから、（たとえ詩とは異なる形式であるとしても、）我々が今さらあれこれ論じてよいものか、幾分、迷うのである。彼の叙事詩では、第一級の美が、ロイスダールが好んで描いたような情景に彩られた。風

＊つとに知られる事実であるが、教会の殉教者名簿には数多の輝かしいポーランド人の名が記されている。ローマ教会は、ポーランドが捧げてきた無数の殉教者への追悼の意を込めて、異教徒の手に落ちて奴隷となった信徒を救出する活動をしていた三位一体修道会やレデンプトール修道会に対して深紅の礼帯を身に着ける栄誉をあたえたが、この栄誉はそれ以前にはポーランド人にしか許されていなかったことである。ポーランドの尊い犠牲の大部分は城塞都市カミェニェツ＝ポドルスキを始めとした前線地帯での戦いによって失われた戦士の命であった。

変わりな木々に向けて、嵐を孕んだ暗い雲の合間から、太陽の光が降り注ぐ――。樺《かば》の木は雷によって引き裂かれ、その白い樹皮は、まるで痛々しい生傷から流れ出た血が滲んでいるかのように、変色している――。『パン・タデウシュ』の舞台は一九世紀初頭である。その頃には、（優美なだけで中身の乏しい近代的情緒に没頭する人もわりかた増えてはいたが、）かつてのポーランドに見られたような深い感情と威厳ある物腰を備えた人々がまだ多く残されていて、社交界にははっきりとした対照《コントラスト》が存在した。それも、すべての国々のすべての都市の上流階級の間に慣例主義が染みついた現代においては、ほとんど見る影がなくなってしまったが。だから、ショパンが頻繁にミツキェヴィチの気高い詩を読み、そこから生き生きとした着想を得ようとしたのは自然のことであった。実際、ショパンはミツキェヴィチの詩によって力強く描き出された情緒を、好んで自らのピアノ音楽に移し入れている。

ポロネーズの音楽

ところで、古くからのポロネーズの音楽には（一つの世紀を越えて愛され続けているものがないことからもわかるように）芸術的価値はほとんどない。そうした音楽は、作曲者の名がわからないために、曲が作られた時代の英雄の名を冠して呼ばれることが多いのだが、どれも重々しさと優しさを志向するという点では通底している。なかでも《コシチュシュコ風ポロネーズ》[13]が有名である――コシチュシュコ[14]の生きた哀しい時代の記憶を思い出してしまうために、涙なしでこの曲を聴くことができないという婦人が一人ならずいるのだ。たとえば、コシチュシュコにかつて愛されたある王女は、すでに自身の最期の日々を迎え、老衰のせいであらゆる感覚が鈍り、目さえ霞んでほとんど見えない有り様であったが、それでも、このポロネーズの調べにだけは――震える手で鍵盤を探りながら奏でたその響きにだけは――強く心を動かされたという。これと同時期に作曲されたポロネーズには、葬送曲として書かれたのではないかと思われるほど悲痛な情緒をもつものもある。

次に登場した《オギンスキ伯爵のポロネーズ》(15)は、哀愁漂う旋律へと続いていく、気怠くも魅惑的な雰囲気の導入部によってたちまち大きな人気を得た。* 陰鬱な気分に包まれていながらも、心地よい繊細さと涙を誘うような素朴な美しさが聴く人の心を慰める。勇敢なリズムがいつの間にか弱々しくなっていく――。もはや誇らしげな足音も聞こえない――。堂々たる人々の行進は、厳粛な沈黙のなかへ、深い物思いのなかへ、静まっていく――。まるで、墓地のなかへ、笑顔も誇りも生き埋めにしてしまう悲しい土のなかへ、沈み込んでいくかのように――。そこには、愛だけが残された――。また草さえ生えていない新しく盛られたばかりの堆土の周りには、泣き女らが行き来する――。エリン(16)

＊オギンスキ伯爵が作曲したポロネーズのなかでは、へ長調の曲が特に有名である。この楽譜の表紙には銃で自らの頭を撃ち抜かんとする作曲者自身の肖像が描かれた。この絵は、実際には曲に対する一つのロマンに満ちた解釈にすぎなかったのだが、長い間真実として信じられていた。

《三つのポロネーズ》の表紙に描かれたオギンスキ伯爵

の詩人が吹きすさぶ海風に向けて歌った、あの悲しい反復句《リフレイン》を繰り返しながら――。

悲しみより生まれし愛は、悲しみのごとく真実なり！
(LOVE BORN OF SORROW, LIKE SORROW, IS TRUE!)

《オギンスキ伯爵のポロネーズ》のなかには、たしかにこの叫びに通ずるため息が聞こえる。目にあふれる涙の憂鬱な輝きによってしか感じ取ることのできない、物悲しい、愛のため息が。もう少し時代が進むと、墓地の情景は遠のいていき、ぼんやりとした背景の奥にかすかに窺われるだけとなる。生者の嘆きは永遠ではないのだ。徐々に活気と精力を取り戻すにつれ、深い悲しみは心を慰める記憶へと変わり、遠くのこだまのように、優しく人の耳に響くようになる。生者の嘆きの列は、まるで世を去って間もない死者の眠りを妨げまいと用心するかのごとく、息を殺して進んでいたが、それも過去のこと――。彼らが思い出すのは、今や、陰鬱な記憶だけではないのだ――。《リピンスキのポロネーズ》[17]では、享楽的な心の音楽が聞こえてくる。災いと敗北の日々を迎えるまでのポーランドに見られたような、楽しげで、軽快で、幸せな鼓動が蘇ってきた。旋律は青春の芳香を散らすように呼吸を速め、あたりには若い愛のため息も聞こえる。それから、おぼろげで、夢見るような、表情豊かな曲調へと展開して、若い恋人たちに語りかける――彼らを優美な幻で包み込み、詩的な観念のゆりかごに乗せながら。そうなると、ポロネーズはもはや厳粛な名士たちのステップに拍子付けをするものではなくなり、*名誉よりも恍惚を求めて、ロマンに満ちた空想の世界へと向かっていくのだった。この頽廃《たいはい》の道を進んだ人物にはマイセダー(18)がいる。彼の舞踏曲は生々しい恍惚に満ちていて、ひたすら青春と美の魔法の魅力を映し出す。これらは、ポロネーズと名付けられてはいるが、その名称にふさわしい特徴となるとまったく備えていない。

だが、ポロネーズは再度、まったく突然に、本来の強堅な輝きを取り戻すこととなった――真の天才である一人の作曲家の手によって。ウェーバー(19)がポロネーズの形式を用いて作り上げた酒神賛歌《ディテュランボス》(20)には、失われたはずの威厳が往年の栄光に包まれて輝いていた。彼は、ひどく誤って伝えられながら価値を落としてきた様式を気高く昇華させるために、そしてその様式をふたたび過去の精神で満たすために、自らの芸術的着想を総動員した。天才ウェーバーは、昔の音楽の特徴を真似るという手段によ

＊古くは高位の聖職者がこれらの舞踏を支援したものであるが、そうした光景はリピンスキの時代にはもう見られなくなっていた。

ることなく、ポロネーズにかつての国家的性格を吹き込んだ。旋律を朗唱《レチタティーヴォ》のように用いてリズムを際立たせ、転調を巧妙に扱って理想的な色相を生じさせた——単にこの様式にふさわしいというだけでなく、何としても欠かすことのできない、特別な色相を。

彼の《変ホ長調のポロネーズ》[21]のなかで、往年の生気が、興奮が、情熱が、ふたたび循環した。それだけではない。不遜な魅力や、儀礼的で堂々とした威厳、気取らないながらも手の込んだ雄大さといった、ポロネーズをポロネーズたらしめる特徴もすべて備わっていた。何本もの剣《つるぎ》が一斉に鞘《さや》から引き抜かれたかのような強烈な和音によって力強い律動が生み出されると、優しく温かみのある女性的な愛の訴えや、戦士の雄々しい胸から発せられる深い低音の響きが聞こえてくる。そして、その声に呼応するかのごとく、砂漠を駆ける軍馬の群れが遠くで荒々しくいななくのだ。堂々とした頭の周りに長い鬣《たてがみ》を振り上げ、知性と熱情に目を輝かせ、急き込んで地面をかきながら——。かつてポーランド貴族の間で人気のあった、トルコ石やルビーの宝石刺繍のほどこされた背飾りを、優雅にまといながら——。

ラジヴィウ家が栄華を誇った日々には、かのネスヴィジ城[22]の宝のなかにも、高価な宝石によって惜しげもなく飾り立てられた一二揃いの馬飾りを見ることができた。さらには大量の銀を用いて造られた等身大の一二使徒像も見られたという。こうした驚くべき豪奢は、ラジヴィウ家の歴史を知ってこそ納得される。ラジヴィウ家というのは、最後のリトアニア大公ヴィータウタス[23]の流れを汲み（この人こそは、キリスト教を取り入れた際に、それまで異教の神々に捧げられていたすべての森林と平原とを得た人であった）、しかも、一七世紀に急速な没落の憂き目を見たとはいえ、一八世紀の終わり頃になっても依然として八〇万人もの農奴を従えていた正真正銘の大領主《マグナート》なのである。
また、ラジヴィウ家の宝のうちには、今日もなお現存している、きわめて好奇心をそそる遺物が含まれていた。それは次のような文字飾り《バンデロール》とともに洗礼者ヨハネを描いた一枚の絵画であった。

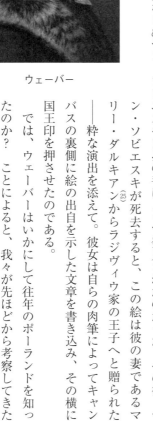

主の名において、ヨハネ、汝《なんじ》は勝者となろう。
（AU NOM DU SEIGNEUR, JEAN, TU SERAS VAINQUEUR.）

この絵画は、ウィーンにおいてポーランドがオスマン帝国を降《くだ》した際に、大宰相カラ・ムスタファのテントのなかで、ほかならぬヤン・ソビエスキ自身の手によって発見されたのだった[24]。その後、ヤン・ソビエスキが死去すると、この絵は彼の妻であるマリー・ダルキアン[25]からラジヴィウ家の王子へと贈られた——粋な演出を添えて。彼女は自らの肉筆によってキャンバスの裏側に絵の出自を示した文章を書き込み、その横に国王印を押させたのである。

ウェーバー

では、ウェーバーはいかにして往年のポーランドを知ったのか？　ことによると、我々が先ほどから考察してきたような過去の情景を墓場から呼び起こし、生命をあたえ、以前の姿に蘇らせることができるような、何か得体の知れない力をもっていたのであろうか――？ああ、なんという愚かな問いだ！　天才というのは常に神聖な直観を授けられているものなのである。詩の女神は選ばれた者にだけ彼女の王国の秘密を明かす。ウェーバーもまた、その天与の才によって、ポロネーズという様式にふさわしいあらゆる詩情を明察し、余すところなく表現した。実際、彼のポロネーズは比類ない作曲手腕に裏打ちされている。それだけに、もしかすると自分にもできるのではないかと思って同じような効果をもつ曲を書こうとするのは、本当に、無謀かつ困難なことなのである。

ショパンのポロネーズ

そのウェーバーをもってしても、ポロネーズという作曲様式においてはショパンに及ばなかった。もちろん、単に作品数の多さや曲調の多様さのことを指しているのではない。音使いの妙や、新規性や意外性に富んだ和声によってもたらされる深い感動といった点においても、ショパンだけには敵わなかったのである。

ショパンの《イ長調のポロネーズ》(26)と《変イ長調のポロネーズ》(27)は構成や精神性の面でウェーバーの《ホ長調のポロネーズ》(28)と類似するところが多い――。しかし、他のポロネーズにおいては、ショパンはこの大胆な形式を放棄している――。

本当にそうなのだろうか？　我々はもっと的を射た分析をしようではないか、問題はそこまで単純なものではないのだから。様々な切り口から主題に向き合うという詩人の権利をいったい誰が制約できるというのか？　たとえ歓喜のただなかにあっても、彼には暗く憂鬱な感情をもつことが許されるべきではないのか？　輝かしい栄華を歌ったあとに、哀惜《あいせき》を歌ってはいけないのか？　覇者と喜びを分かち合ったあとに、敗残者とともに嘆いてはいけないのか？

ショパンの少なからぬ功績として、彼がポロネーズという様式のもちうるすべての側面や可能性を立て続けに具現化して、この舞踏特有の輝きと悲しみを見事なまでにことごとく引き出してきたことをあげても、誰からも反駁《はんばく》される恐れはあるまい。ポロネーズの多面的な性格を理解して再現するうえでは、彼自身が日頃感じていた気分の浮き沈みも助けになった。ショパンのポロネーズの一部には卓越した霊感の力がそこまで顕著に示されていないものもたしかにあるが、そうした作品を聴くときでさえも、哀愁とともに繰り広げられる多彩な変容を耳で追っていくと、彼の創造力の豊かさに感服せずにはいられない。

彼は想像と記憶の力を借りて様々な情景を眺めたが、それらは必ずしも〈ひとまとめにされた全体的な映像〉として迫ってきたわけではなかった。ショパンは自らの目に浮かんだ幻想――彼の前を行き来する華やかな人の群れ――に思いをはせながらも、一度ならず、持ち前の鋭い観察眼によって、そのなかに一人の孤独な人間を見つけ出し、彼女の姿に心惹かれた。そして、陽気に通り過ぎていく人々の群れに阻まれて彼女の姿が見えなくなると、彼は神秘的な啓示を読み解くことをやめて、ピアノに向かい、その恍惚なるシビュラ(29)のためだけに音を奏でたのだった。《嬰《えい》へ短調の大ポロネーズ(30)》は、間違いなく、彼のもっとも迫力ある作品の一つである。彼はこの作品にマズルカを挿入したが、これは実に興味深い試みで、もしこのポロネーズ自体が陰鬱な不気味さをもつ幻想的なものでなかったなら、舞踏場のための気のきいた戯れにもなりそうだった。この作品はきわめて独創的である。不安な夜を過ごしたあとに差し込んでくる、鈍く、冷たく、灰色の、無気力な、冬の太陽の光――。その光に遮られたはずの夢の続きが、このポロネーズのなかで歌い上げられた。それは、印象と物象とが驚くほど支離滅裂に変幻しながら交錯する、夢の詩であった。バイロン(31)の詩『夢』の一節が思い出される――。

夢が展開されていくとき、そこには呼吸が、
涙が、苦悩が、そして喜びの感触がある。
夢は寄りかかる、目覚めているときの思想に、
永遠の前触れのように。

第一主題は、嵐のまえの不気味なひとときを思わせるような、暗く異様な雰囲気を呈している。そのなかには、無謀にも嵐という自然の猛威へ向けられた大胆な反抗心や、すさまじい憤怒の叫びが聞こえる。各小節の始めに繰り返し反復されていく主音は、大砲の轟音《ごうおん》を彷彿とさせる――どこかの戦

地から実際に届いた音なのではないかと心配になるくらいに。この音が終わると、二小節にわたって、耳慣れない響きが展開される。ここで用いられている和声進行の目をみはるような効果は、これまでのどんな大作曲家の作品にも見ることができない。それが突如として田園風景へ移り変わり、我々はラベンダーとスイート・マジョラムの香りのなかで牧歌的なマズルカに包まれるのであるが、その優しい響きは、先立って感じた深い悲しみの余韻を消し去るどころか、むしろ、その辛辣かつ劇的な対照《コントラスト》によって、いっそう我々の胸の痛みを増幅させる。だからこそ、第一主題に戻ったときには、不思議と、安心に近い感覚が込み上げてくるのだ。素朴で純粋で控えめな幸せというこのマズルカの生み出す不穏な矛盾から解放されると、我々はまた崇高かつ宿命的な闘いの気高く重々しい苦悩に心を重ねることとなる。そして、この即興的作品は恐怖の痙攣《けいれん》を伴いながら夢のように終結し、この世のものとは思えないような、不思議で、わびしく、寒々しい情緒を人々の心に残していく。

ショパンの晩年の作品には多かれ少なかれ不安と焦燥のあとが見られるが、《幻想ポロネーズ》(32)もそうした時期に書かれた曲の一つである。この作品には、彼のポロネーズに特有の果敢《かかん》かつ華麗な表現はもはや見られない。負け知らずの騎兵隊の高らかな足音も、敗北の幻影に曇ることのないあの堂々たる歌声、つまり勝利の栄光にしか縁のない居丈高な戦士にこそふさわしい野太い歌声も、もはや聞かれない。曲全体を深い憂鬱が支配している——それを遮るのは、恐怖の身震いと、突然の不安と、動揺と、噛み殺した嘆きの吐息だけだ。伏兵の奇襲に遭って、四方を取り囲まれた、哀れな兵士——。一縷《いちる》の生存の望みさえ見出だすことのできない、広大な平原——。絶望が彼を襲い、脳の働きを狂わせるのだ、キプロスの葡萄酒のように——。あらゆる身動きを速め、あらゆる言葉をたどたどしいものに変え、あらゆる感情を生気のないものにし、ほとんど狂気ともいうべき焦燥を生じさせる、あのキプロスの葡萄酒のように——。

これらの情景は芸術としての価値を幾分欠いている。窮状、苦痛、死の怯え——。あるいは、すっかり弾力性を失って、制御不能な神経の働きに運命を委ね、主人を絶望の深淵《ふち》へ突き落すしか能のない器官と化した、筋肉の強張《こわば》り——。そんなものを描写しても、人々の心に苦しみをあたえるだけだ。こうした見苦しい幻影は、ショパンの魔法のような美の領域に、あまりに安易に持ち込まれすぎたのではないだろうか。

（1）ヤン・ソビエスキ（John III Sobieski, 1629–1696）。ポーランド王。数々の戦功によって国民的人気を獲得し、王に選出された。その後、オスマン帝国軍に包囲されたウィーンに遠征してこれを撃退したことで、キリスト教世界を守った英雄として名声を博した。

（2）ボレスワフ一世（Bolesław I, ca. 966–1025）。ポーランド王。国家の統一と強化に尽力し、ポーランドの国際的地位を高めた。

（3）一二九九年にアナトリアに建国され、約六世紀にわたって栄えたトルコ系イスラーム国家。ウィーン包囲が失敗した頃から勢いを失い、最終的には、第一次世界大戦に惨敗したのちに滅亡した。

（4）パオロ・ヴェロネーゼ（Paolo Veronese, 1528–1588）。イタリアの画家。『ノッツェ・ディ・カーナ』などの豪華な饗宴図で名高い。

（5）中世以降のポーランドにおいて土地所有階級として富を独占し、王権と並ぶほどの権勢を振るった上流貴族らの呼称。

（6）Tokaj. ハンガリーの北東部の町。甘口の貴腐ワインの産地として有名。

（7）一九世紀のこと。

（8）一六世紀から一八世紀にかけてポーランドやハンガリーの貴族の間で流行した外衣。

（9）トルコで着用されていた前開きのガウンの一種。毛皮で裏打ちしたものも多かった。

（10）古代ギリシア劇の合唱隊の首席歌手。

（11）ピンダロス（Pindaros, ca. 518–438 BC）。古代ギリシアの抒情詩人。多くの競技祝勝歌《エピニーキア》を残した。

（12）東ローマ帝国。現在のトルコ周辺で勢力を誇ったが、オスマン帝国に侵略され、滅亡した。

（13）"Polonaises à la Kościuszko" (ca. 1797)

（14）タデウシュ・コシチュシュコ（Tadeusz Kościuszko, 1746–1817）。ポーランドの軍人。米国の独立戦争に参加したのち、ポーランドに帰国し、将軍や政治家として活躍した。

（15）ミハウ・クレオファス・オギンスキ（Michał Kleofas Ogiński, 1765–1833）。ポーランドの外交官、政治家。音楽家としても有名で、ヴァイオリンやクラヴィコード、バラライカの演奏に優れたほか、ポロネーズやマズルカの作曲にも取り組んだ。

（16）アイルランドの古名。

（17）カロル・リピンスキ（Karol Lipiński, 1790–1861）。ポーランドの作曲家、ヴァイオリニスト。ヨーロッパ各地を巡演し、リストやパガニーニとも共演することがあった。

(18) ヨーゼフ・マイセダー（Joseph Mayseder, 1789–1863）。オーストリアの作曲家、ヴァイオリニスト。弟子にはハインリヒ・ヴィルヘルム・エルンストがいる。

(19) カール・マリア・フォン・ウェーバー（Carl Maria von Weber, 1786–1826）。ドイツの作曲家、指揮者、ピアニスト。代表曲には、《魔弾の射手》や《オベロン》、《舞踏への勧誘》などがある。特に、国民的人気を獲得した《魔弾の射手》は、ワーグナーやベルリオーズを始め、多くの作曲家に影響をあたえた。

(20) ディオニュソス神を称える熱狂的な賛歌。転じて、熱狂的な性格をもつ作品のこと。

(21) Grande Polonaise, Op. 21 (1808).

(22) 絶大な権力を誇った大領主《マグナート》、ラジヴィウ家の居城。

(23) ヴィータウタス（Vytautas, ca. 1350–1430）。数々の戦争や和睦を通じて、バルト海から黒海にいたる大国家を建設したリトアニア大公。

(24) ヤンという名はヨハネに由来する。

(25) マリー・カジミール・ド・ラ・グランジュ・ダルキアン（Marie Casimire de La Grange d'Arquien, 1641–1716）。ヤン・ソビエスキの王妃。ポーランドへ侍女としてやって来て、のちにポーランド王となるヤン・ソビエスキと結婚した。

(26) 《軍隊ポロネーズ》として知られる。Polonaise No. 3, Op. 40–1 (1838).

(27) 《英雄ポロネーズ》として知られる。Polonaise No. 6, Op. 53 (1842).

(28) Polacca Brillante, Op. 72 (1819).

(29) 古代ギリシアのデルフィなどでアポローン神の神託を受け取っていた巫女。

(30) Polonaise No. 5, Op. 44 (1841).

(31) ジョージ・ゴードン・バイロン（George Gordon Byron, 1788–1824）。イギリスの詩人。『チャイルド・ハロルドの巡礼』でロマン主義詩人としての名声を博し、反俗の貴族としてヨーロッパを周遊。その後、ギリシア独立戦争に加わり、客死した。

(32) Polonaise No. 7, Op. 61 (1846).

第三章　マズルカ

"Polnischer Tanz." (1850s) by H. Waldow

マズルカの詩情

ショパンのマズルカは、その表現のあらゆる面において、彼のポロネーズとは大きく異なる特徴を備えている。実際、まったく類似点が見られないといっても言いすぎではあるまい。ポロネーズを彩った〈大胆さと活力〉は、マズルカにおいては、信じられないほどに淡く優しい〈繊細な陰翳〉に道を譲る。彼のマズルカを聴いていると、民族固有の衝動に突き動かされて一つになった人々の姿ではなく、一人の人間の個人的かつ断片的な性格と印象が我々の目の前に広がってくる。女性的な柔らかさはもう奥の暗がりへと追いやられはしない。いや、それどころか、その性格がことさら際立ち、比類ない存在感を放っているために、他のすべての要素は、消え去るか、せいぜい付随物のようにしかふるまうことができない。かつてポーランドの男たちは、婦人のことを〈愛らしい《CHARMING》〉と言う代わりに、〈感謝の気がある《GRATEFUL》〉（WDZIĘCZNA）という言葉を使ったという。これは〈愛らしさ《CHARM》〉という言葉が〈感謝の心《GRATITUDE》〉（WDZIĘKI）に由来することを示している。だが、彼女らはもはや被保護者《プロテジェ》ではなく、女王《クィーン》なのである！　人生のよりよき半分ではなく、全部なのである！

無論、男たちとて本来の情熱や誇りを失ったわけではないが、彼らは一種の狂喜に溺れているように見える。この狂喜というのが、逆説的ではあるが、いつも哀愁を帯びているのだ。マズルカでは、国民の気質を象徴するような音楽と言葉が合わさって痛みと喜びの入り混じった感情を表現するのであるが、この不思議でありながらも魅力的な対照《コントラスト》は、まさしくポーランドの人々が〈苦難の楽しみ〉（CIESZYC BIDE）を必要としたことから生じた。そして、この必要のためにこそ、彼らは、優しく心を癒すマズルカという魔法と、それによって生み出される一時的な錯覚を、必死に追い求めたのだった。マズルカの旋律に乗せて歌われる言葉の力を借りながら、神聖な記憶の連なりのなかへ足を踏み入れていった――それも、他の平凡な舞踏音楽では望むべくもないような奥地にまで。これらの歌は、青春の日々にはよく響く若々しい声で歌われ、孤独の日々や幸せな怠惰の日々にも何千回と繰り返して歌われた。はかなく消えてしまう一瞬の情緒をマズルカの旋律によって繋ぎ止めるために、ポーランドの人々は、何度も、何度も、森林を抜けて旅をするときも、深い波を切って船を進めていくときも、これらの歌を口ずさんだのである。それに、何か思いがけない感動に触れたときや、突然の再会や長く待ち望んでいた面会、あるいは願ってもない一言によって、心が不滅の光に包まれていくようなときにも、無意識のうちにマズルカを歌っていたことであろう。ある瞬間を永遠に色褪せない神聖なものにするだけでなく、過去の悲しい記憶を明るく照らし、さらには暗い未来のもっとも深く陰鬱な深淵《ふち》さえも貫いていく、あの〈不滅の輝き〉を、崇め、賛美するために。

　こうした様々な印象は、ほかならぬショパンの手によってきわめて幸福な形で蘇り、また、彼の卓越した音色や様式の技法を通してきわめて美しく飾られることとなった。ショパンは、幾千もの切子面加工《ファセット・カット》をほどこしてダイヤモンドの最深部に隠れた光さえも輝かせ、さらには、その過程で生じたきらきらと光る破片さえも華やかな小箱に詰め込んだのである。実際、彼がその少年時代の思い出を優れた芸術へと昇華させるのに、マズルカ以上の舞台装置など果たして存在しえたであろうか？あるいは、その思うままに詩を作り、情景を飾り、場面を描き、ロマンスを生み出すのに、マズルカ以上の様式など望みえたであろうか？　ポーランド人の記憶や種々の連想が現在こうしてその源である国土自体よりもはるかに広く行き渡ることとなったのは、明らかに、ショパンの貢献に負うところが大きい。彼は芸術の女神の光明によって清められたマズルカという理想的な様式を用いて、それらの心象に不朽の生命を授けたのである。

マズルカという様式こそは、ショパンが虹の色彩の魔法を用いて蘇らせた感情を、そのはかない形象のままに繋ぎ止めうるものだった。このことを完全に理解するには、ポーランドの土地で踊られるマズルカを見ておく必要がある。そこでしか、この舞踏が本来の特徴を失わずに——つまり、不遜でありながらも優美かつ魅惑的に——踊られるところは見ることができない。婦人から選ばれた青年は、彼女の手を取ると、征服者のごとき笑みを浮かべて、羨ましがる競争者たちに彼女の美しさを見せつけ、そして、うっとりさせるような情熱的な抱擁によって、彼女を踊りのなかへ引き込んでいく——。満足げに紅潮した婦人の頬と交互になって現れる雄々しくも優しげな表情には、たしかにどこか誇らしげなところがある——。彼女の美によって、輝かしい勝利がもたらされたのだ——。

ポーランドの舞踏場以上に歓喜に満ちた空間というのは、そう簡単には見つからないだろう。マズルカが始まるやいなや、それまで混雑して不格好に押し合う人の群れに気を取られていた人々の目は、広い場所へ向かって双子星のように勢いよく進み出る一組の美しい男女に釘付けにされる。青年は不遜な笑みを浮かべてそのステップに力強く拍を付けると、一瞬、婦人のもとを離れ、彼女を凝視する、まるで新たな喜びを感じているかのように。そして、ときには熱情的に彼女のもとへ舞い戻り、ときには突然の甘美な喜びに目がくらんだかのように激しく旋回する。また、しばしば二組の男女が同時に踊り出すことがあるが、そうしたときには踊りのあとで双方の相手を交換する場合が多い。もしくは、第三の男が手を打ちながら進み出て、いずれかの婦人に踊りを申し込むこともある。この華やかな舞踏会の女王たる婦人らは、代わる代わる、熱烈に求められていくのだ、それも、彼女を踊りの迷宮へと連れ出す光栄にあずかろうとする、当代きっての輝かしい騎士たちから。

ワルツやギャロップといった舞踏では、踊り手たちは各自思い思いに踊っており、見物人が目にするのは、幾分、規律を欠いた光景である。カドリーユは、攻撃側と防御側が互いに冷静な顔をして、進んでは退き、そのさりげない上品さを交わすものであるが、要は、美しく飾り立てられた組み討ちの一形式にすぎない。ポルカは、たしかに魅力的な舞踏ではあるのだが、その快活さはえてして中途半端なものになりやすい。また、ファンダンゴやタランテラ、それにメヌエットにいたっては、踊りの当事者だけが楽しむような単なる愛の小芝居である。男はただ相手の婦人を見せびらかしているだけで、観衆の立場からすると、彼ら二人がお決まりの恍惚を演じるのをひどく退屈に思いながら目で追っていく以外にはこれといってすることがない。だが、マズルカにおいては、これらの舞踏とは対照的に、見物人も立派な役目をもっているし、加えて、騎士の役割にしてみても、彼の対等な相手としての婦人のそれに優美さの点でも重要性の点でも少しも引けを取らない。

踊りの合間には長い休憩が設けられ、踊り手たちは優雅に会話を楽しむ。だが、ひとたび踊りが再開されると、そうした美しい情景は、瞬く間に、彼らの足下から観衆のところにまで拡大していく。観衆に向けてこそ、青年は麗しい婦人が自らを相手に選んだことを得意げに誇り、観衆の前でこそ、婦人は彼にこの栄誉を捧げる。婦人が懸命に踊るのも、観衆の歓声こそがともに踊る青年の名誉を高め、また、観衆の称賛こそが彼女自身の甘美な魅力を最大限に引き立ててくれることを、よく知っているからである。だからこそ、踊りを終える際には、婦人は速やかにこの騎士のもとへ向かい、彼の腕に寄りかかる、まるで、観衆から勝ち得た称賛を正式に捧げるかのように。しかも、この一つの動作のなかに、女性特有の機転と繊細な感性なくしては操ることのできない幾千ものかすかな陰翳を帯びさせ、それによって、衝動に突き動かされる熱情的な一面から、快楽にふける放縦な一面まで、あらゆる種類の性質を垣間見せてしまうのだ。

何という多彩な動作の応酬がこの舞踏場で果てしなく繰り広げられていることか！　婦人らは皆、最初は内気な様子でためらって、飛び立つ直前の小鳥のように身体を揺さぶっている。それから少しの間、一方の足先を、氷上のスケーターのように、磨き上げられた床に沿って滑らせると、彼女は意を決して、陽気な子供のように前方へと進み出て、あっという間に舞踏のなかへ飛び立っていく。伏していた目を上げて、背筋を伸ばして、胸を張りながら、まるで小さな帆船が波を切るかのように躍動して、進んでいく。すばしこい森の精のごとく、楽しげに空間を舞う。それから、艶めかしくそっと足先を滑らせると、観衆を見渡し、そのなかのもっとも幸運な人に笑顔で言葉を投げかける。そして、その白く透き通るような腕を彼女のもとへ進み出た青年の方へ伸ばし、今一度、高らかなステップに運ばれながら、幻術にかけられたかのように舞踏場全体を舞い踊っていくのだ。

彼女は、滑り、駆け抜け、飛んでいく。頬は情熱によって赤く染まり、目はきらきらと輝いている。次第に疲れを感じて、しなやかな姿勢と素早い足の動きが頼りないものになると、彼女は息を切らしながら相手の腕のなかにそっと沈み込む。そして、そのたくましい腕によってしばし空中に抱き上げられてから、うっとりするような最後の円舞を楽しむのである。この勝利の円舞の間には、オウィディウス(1)が『変身物語』のなかで描いた女狩人アタランテ(2)の逸話を彷彿とさせるような変化が踊り手たちに生じる。それぞれの組はまず互いの手を取ることから始め、それから輪状に広がって、目のくらむような速さで旋回し、美しい花々——婦人らの可憐——を飾りつけた生花の王冠を形作っていく。ちょうど自然の草木が深い緑色の葉をまとうことでその輝かしい蕾《つぼみ》や香りのよい花々を際立たせているのと同様、マズルカを踊る婦人の燃えるような色彩は青年の礼服によっていっそう引き立てられる。その後、踊り手たちは閲兵式のように整列しながら揃って前方へ進み出る。火花を散らすような活気——抜け目のない競争心——。その光景は、ホメロス(3)やタッソー(4)の描いたような、戦線において列を整える軍隊の挙動にもほとんど劣らない。そして、一時間か二時間ののちに、ふたたびこの輪を作って舞踏を終える。その後、少し日が経ち、機が熟して、楽しみと喜びが人々の陽気な心を満たすようになると、彼らはまた舞踏場に集まって皆で遊歩するのだが、婦人らの動作は以前にも増して軽快になっていて、まるでその細い肢体が鋼《はがね》に負けず劣らずの柔軟な強さと弾力性をもっているかのように、少しの疲労さえ窺わせない——ポーランドの女たちの、かよわくも粘り強いこと！

彼女たちはほとんど直観的にマズルカの精髄を心得ている。もっとも素質の乏しい婦人でさえ、この踊りを通じて自分の新たな魅力を引き出すことくらいはやってのける。腕に覚えのある民族特有の〈優美なゆとり〉と〈気高い威厳〉とがマズルカの魅力の大部分をなしているが、そこに〈気おくれ〉と〈慎み〉が加えられるのだ。数ある近代舞踏のうちで、マズルカほど純粋な愛を体現するものはない。観衆の視線を絶えず意識する踊り手たち——。彼らがステップを踏むたびに、生まれながらの優しさと互いを尊重する心とが合わさった〈魅惑的でありながらも気品と礼儀を備えた愛〉が、真の意味で、空間に満ちていく——。

そうした、ポーランドで踊られるマズルカにおいてしか垣間見ることのできない独特の詩情は、ショパンという音楽家によって見出だされ、高められ、ふたたび日の目を見た。彼は、マズルカのリズムはそのままに、旋律をより気高く、構成をより大きなものとし、さらに、選んだ主題に劣らないくらい斬新な和声の陰翳を織り込んでいった。この舞踏が楽しまれている幸福な時間や、とりわけ、青年が相手の婦人のそばから片時も離れることのない長い休憩時間に、人々の心を強く揺さぶった、あの数えきれないほどの幅広い感情を、より完璧な形ですくい上げ、(我々が〈画架に並んだ絵〉と評して彼を喜ばせていたその作品のなかで) 忠実に描ききるために。

甘美な魅力、誇り、幻想、気質、悲愴感、曖昧な感情、情熱、征服、そして、他者の好意をかけた闘争。これらがすべて、一揃いに、この舞踏のなかで渦巻く。無限に移り変わっていく、捉えがたき情熱の色相！　ときに立ち止まり、ときに前進し、ときに乞い、ときに審判を下す！　王宮から草ぶきの小屋にいたるまであまねくマズルカが親しまれているこの国では、こうした感情の移り変わりは、その時間の多い少ないは別として、熱情や熱意として表れることもあれば、些細な嫌がらせとして表れることもある。ポーランドの人々には、長所と短所のお決まりの取り合わせというのがない。美点も、欠点も、実に幻想的に配分されている。だから彼らは、国民性の本質をほとんど同じ形で留めながらも、一人一人が他の民族には見られないほどの多様な陰翳をまとい、我々を惑わせるのである。気まぐれに合わさった個々人の性質は、それぞれの場面に驚くべき多様性を生じさせ、この土地特有の魅力によって互いの好奇心を刺激し合い、探求心をかき立て合い、もっとも些細な出来事にさえ特別な風情を添える。無関心も、黙殺も、常套句も、そこには存在しない！　表情豊かで多感な人々の間には、細かい差異を見抜くことのできる〈精緻な知性〉と、苦難と不幸によって高められた〈鋭い感受性〉という、目をみはるような対照《コントラスト》が絶えず生じている。その対照《コントラスト》は、夜半の闇を裂く大火災の炎のごとく、燃えるような光で男女の心を照らす。そうして幸運の女神は数時間前には互いに名も知らなかったような人々を結び付けていく。

だが、ときには一瞬の試練やたったの一言が長く結ばれていた男女の心を引き離してしまうこともある。何か必然の出来事が生じれば、幾度も心を過ってきた疑念はたちまち確信に変わる。だから、かつてある機知に富む婦人が述べたように、人々は〈悲劇を遠ざけるためにこそ喜劇を演ずる〉。このことは、決して口に出されはしないが、れっきとした真実である。たしかに、彼らは他愛のない話題を通じて秘かに相手の本心を探ろうとし、歯切れの悪い返答のなかに相手の真意を見出だそうとする――まるで試金石を使って金属の価値を見定めるかのように。そして、往々にして、主義は他者への弁護という形で表され、欲求は気のきいたお世辞の奥に隠される。しかしながら、このような用心や気配りは、やはり開放的で率直な性格の人々にしてみれば退屈に感じられるのだろう、最終的にはいい加減な軽々しいやり取りが顔を出してきて（これは、悲劇を遠ざける役割を担っていると理解されるまでは、大いに人々を驚かせる）、まるで現実を皮肉るかのように、もっとも洗練された精神に絡みつき、もっとも詩的な感情に入り混じり、激しい苦悩のもっとも切実な原因と重なり合うのである。

このやり取りが本当に空虚なものかどうか、正しく見極めることは難しい。真実を表すこともあれば、偽りのこともある。彼らは、曖昧な返事をしたり、妙な機転をきかせたりしながら、巧みに真実を覆い隠す。そのふるまいは、少し破ってみるだけで隠された性質が一つならず露見するような、見かけだけ立派な〈化けの皮〉かもしれないし、そういう評価が望ましくない場合もある。だからこそ、彼らの議論はいつもある種の〈重々しい戯れ合い〉のようになって、その核心に何一つ重大な事柄が含まれていないのに激しく火花を散らし合ったり、何の意図もなく発せられたかに見えるまったく些細なからかいの一言がもっとも深刻な悲しみを生んだりすることにもなるのである。上調子な表情の後ろには、苦々しく悲痛な記憶が見え隠れする――どれだけ取り繕っても、完全に胸中を隠し通すことはできない。芸術の域にまで達した対話文化をもつこの国においては常に長々とした議論が繰り広げられるが、そこでは、話されている事柄が重々しいものであるか愉快なものであるかによらず、いつも、微笑みから涙へ、あるいは喜びから悲しみへ、一瞬のうちに表情を変化させてしまう人々がいるために、（たとえどんなに鋭い観察眼をもっていようとも、）虚実を見定めるのはきわめて難しい。

彼らの考えは、海岸の流砂のような不安定な場所で、絶えず漂い、移り変わりながら存在しているので、ほとんどの場合、同じ地点でふたたび目にすることは叶わない。だからこそ、何ら重要性を感じさせない会話にも人々は注意深く耳を傾けるのである。我々はこのことをパリで何人かのポーランド人から教わった。というのも、彼らは当時、〈矛盾の剣術《フェンシング》〉の腕前によってパリの人々を愕然とさせていたのだ。この技術はポーランド人なら誰しも多かれ少なかれ身に付けているものなのだが、これに熟達した人は、いつも（ちょうど横糸《よこいと》と経糸《たていと》が交互に後方に隠れて見えなくなるような要領で）虚実織り交ぜて会話をし、相手との駆け引きを欠かさない。どんな些細な話題に対してもすさまじい知性を振り向けるその姿は、あのジル・ブラース(5)を彷彿とさせる——彼は一日の糊口《ここう》を凌ぐ手段を見つけるために、スペイン王がその広大な領土を統治するのに必要とされるほどの知恵を働かせたのだった。そうして、最終的には、痛々しい印象だけが残る。我々は、ちょうど、インドの大道芸人が鋭利な短剣を宙に舞わせて、ごくわずかな失敗やごくわずかな能力の不足さえ死に直結しかねない驚くべき技を披露するのを見るときのような、いたたまれない気分になる。こうした技術は、不安や、恐怖や、苦悩と背中合わせである。しかも複雑な環境のもとでは、（思いがけず、忘れられた無名の人々から力強い手助けを受けることもある一方で、）ほんのわずかな不注意や軽率な行動、あるいはちょっとした出来事のなかにさえ、大きな危険が潜む。一見すると些細でつまらない会話も、何らかの不測の巡り合わせによっては、たちまち劇的な展開を見せうるのである。ポーランドでは、人々が対面するたびに、不確実の霧が辺りを覆ってしまう。だから、物事の形状や輪郭を捉えて現在や未来への影響を見定めるのは容易ではなく、結果として、彼らの交際は漠然とした見えない恐怖と猫なで声のお世辞とに支配され、曖昧かつ難解なものとなる。それでも、真の共感が生み出す力強い情動は、常にこの外的な圧力から逃れようともがいているのだ――見栄と愛と愛国心という、複雑に縺れ合った三つの衝動のはざまで。

マズルカの些細な回り合わせのなかに、何と複雑に入り組んだ感情が注ぎ込まれていることか！マズルカという舞踏は、心に生じたどんなに小さな情緒にもポーランド固有の魅力を添えてくれる。そして、この魔法のためにこそ、まったくありふれた、かりそめのよそよそしい出会いが、深く印象に残るものとなるのだ。もっとも、他の国々では望むべくもないような無二の優美さと柔らかな雰囲気をもった婦人が大勢いることを考えれば、ポーランドの土地で印象深い出会いが生まれるのは当然のことかもしれないが。実際、スラヴの婦人というのはたぐいまれな存在であって、過去のどの時代にも、どの国々からも、尊敬を集めてきたのだから。彼女らが当たり前に備えている素晴らしい品格と美徳は、いつの時代でも、どこの土地でも、滅多に見られないものだった。

ポーランド婦人

ポーランドの婦人に共通するのは、その燃えるような情熱である。パリの貴婦人のように優美で教養高いのに、東洋の踊り子のような物憂げな情火を帯びている。きっと、母から娘へと代々受け継ぎながら、守ってきたのであろう――トルコ後宮の〈愛の妙薬〉の秘密を。彼女らには、アジア的な気怠さを帯びた奇妙な魔力が感じられる。そして、その輝く瞳に浮かぶ、フーリー(6)のごとき崇高かつ知的な情熱には、トルコ王妃の豪華な怠惰を見ないわけにはいかない。彼女らの慎ましい仕草は人々を心地よくさせ、優しく無気力な動作は人々を夢中にさせる。伸び伸びとした柔らかな所作によって男たちを魅了しながらも、決して慎み深い態度を失うことがない。しかも、これは単なる礼儀作法としての慎みではないのだ。しなやかな物腰のなかには、本物の謙虚さが備わっている。その声の抑揚は我々の心を動かして目に涙を浮かべさせ、その優美な欲求は羚羊《ガゼル》の美しく飾り気のない気おくれを思わせる。知的で、教養高く、物わかりが早く、自らのもてる手段を上手に使うことができるにもかかわらず、同時に、アラビアの預言者が好む美しくも無学な女のように、迷信的で、気難しい――。思いやりがあって信心深いのに、危険と愛を欲する――。相手に多くの愛を求めるのに、自らはほとんどあたえることがない――。

彼女らは何よりも名誉と栄光を重んじる。英雄的行為こそが敬愛の対象なのだ。彼女らのなかには、一人として、華々しい行為への称賛を惜しむ者はいないだろう。しかも、それでいて、〈大変尊敬すべきことに、〉彼女らの多くは、自らが捧げてきた神聖な犠牲や、守ってきた崇高な美徳について、誰にも語ろうとしない。家庭内でどれだけ模範的に慎ましい役割を果たしていようと、私生活に苦悩を抱えていようと、その感傷的で熱烈な心が悲しみに悶えていようと、彼女らは、相手にそのことを悟られまいとして、常にあの驚くべき陽気を電光のごとく放ち続けるのだ。生まれつき慎重な彼女たちのこと、信じられないほど器用に態度を使い分けては、自らの秘密は何一つ明かすことなく、他人の心だけを手際よく読み解いてしまうのである。

自己の性格や個性を露わにするのを恥と考える不思議な誇りのために、きわめて気高い美徳さえも、しばしば押し隠される。ポーランドの婦人は自分の本心を見透かすことのできない人物に対してある種の軽蔑を感じているが、この軽蔑の感情こそ、彼女らが魅了し、おだて、喜ばせ、虜にした男たちに対して絶対的な主導権を握るうえで欠かせないものなのだろう。だが、この婦人たちは、ある決定的な瞬間が訪れると、今度はその全身全霊の愛を捧げてくれるようになる。どんなに過酷な苦しみも、牢獄も、逃避行も、死さえも、ともに分かち合い、立ち向かうことを誓ってくれるのである。その熱烈で惜しみない献身は、いつも誠実で、清らかで、愛にあふれ、目移りすることがない。紳士らを魅了しつつも、偽りのない尊敬が生じるまでは決して自らの心を許そうとしない、彼女らのなんと愛らしいことか！　かのバルザック氏も、[7]〈異国の君に敬意を表して〉書きつけた賛辞のなかで、完全な対句法を用いてポーランド婦人の魅力を描き出した。[8]

その愛からは天使を、その幻想からは魔女を、
その信念からは少女を、その経験からは老婆を、
その頭脳には男を、その真心には女を、
その望みには巨人を、その嘆きには母を、
そして、その夢のなかには、詩人を見た。

ポーランドの女たちに芽生える敬意というのは、いつも熱烈なものである。彼女たちは皆、詩的な理想を抱いているのだ。そのために、交際の過程においては、いつも必ず、鏡で映し出したかのように、深読みと誘惑が姿を現す。退屈かつ凡庸な喜びには少しの興味も見せずに、ただひたすらに、自らが愛を捧げる人物が真に尊敬に値することを願っている。この感情は本当にロマンティックなもので、ときに彼女らを世間と修道院生活のはざまに留め置くことにもなる。実際、これは単なる比喩ではなく、彼女らの多くは、人生のどこかの時点において、修道院の壁の内側に逃げ場を求めるべきかと真剣に思い悩んでいるのだ。

このような婦人らが女王として君臨しているとすれば、その土地では、どれほど甘美な魅力がマズルカを包み込み、どれほど情熱的な言葉が、希望が、絶望が、マズルカから生じうるのであろうか！

ポーランドの女たちは、マズルカの音楽の随所から、失われた情熱の残響や優しい愛のささやきを感

じ取ることができる。マズルカを踊る婦人の頬が紅潮しているのは、いつの時代も一貫してその熱烈な感情のためであり、単なる肉体的疲労のためではないのである。音楽に包まれながら大勢の群衆のなかで二人だけの世界に浸る間には、どれほどの予期せぬ愛の絆が結ばれたことであろうか！　音楽を飾る歌詞からは勇者の名や歴史上の誇るべき出来事が思い出された——愛と英雄思想はマズルカの詞と旋律のなかに永遠に結び付けられたのだ！　また、どれほどの情熱的な誓いが踊り手たちの間で交わされてきたことか！　どれほどの激しく絶望的な別れが告げられてきたことか！　そして、それまで一度も会ったことがなく、その後も絶対に再会する見込みのない男女の間に、どれほど多くの短命な愛情を生じさせ、彼らを急速に結び付け、そしてまた同じだけ突然に引き離してきたことか！　彼らはその愛情が途切れたあとになっても互いのことを永久に忘れられないのだ！　美しさが富裕を凌ぎ、気高さが身分に勝利する、世にもまれなこの瞬間には、どれほどの叶わぬ恋が打ち明けられたことであろうか！　また、どれほどの残酷な運命が、身分と富の暴虐を受けてすっかり断ち切られていたはずの運命が、そうしたはかない瞬間にふたたび巡り合い、つかの間の勝利の輝きと内に秘めた思いがけない喜びによって踊り手の頬を紅潮させたことであろうか！　どれほど多くの出会いが、無関心のうちに始まり、冗談によって保たれ、突然の感情に割り込まれ、スラヴ人特有の精緻な直観から人知れず通じ合った二つの心によって一新され、最後には、深い愛情として実を結んだことであろうか！　一人の燃えるような心が義務的慣習の束縛から抜け出したときには、どれほどの真正直な会話が見ず知らずの二人の間で交わされ、また、その実直な会話の〈襞《ひだ》〉を交互に伸ばしていくうちに、どれほど多くの秘密が明かされたことであろうか！　どれほどのおべっかが、誓いが、欲望が、曖昧な希望が、まるでマズルカの途中で踊り手が放り投げるハンカチーフのごとく、不注意に宙を舞ったことか！（そして、どちらの場合にも、不器用な人間はそれらを拾い上げる術を知らない！）

ショパンのマズルカ

マズルカを始めショパンの多くの曲に満ちているあの独特の情緒は、我々がすでに述べてきたように、ポーランドの婦人の魅力を知っている人にこそ深く共感される。彼の曲にはかすかな〈愛の靄《もや》〉が周囲流体のように漂っていて、その靄を通して、あらゆる段階の情熱が、一つまた一つと、前奏曲《プレリュード》や夜想曲《ノクターン》、そして即興曲やマズルカのなかに、浮かんで見えては、消えていく。いたずらっぽい色気――。知らず知らずのうちに少しずつ高まっていく、相手への好意――。気まぐれな、幻想の花綵《はなづな》――。生まれながらに滅びゆく、病的な喜びという悲劇――。そこに咲く喪の花――。黒い薔薇《ばら》のように、陰鬱な葉から人々の気持ちを暗くさせる香りを漂わせ、そのかよわい花びらはほんのわずかな吐息を受けただけで華奢な茎からこぼれ落ちてしまう――。考えもなく生じた突然の情熱は、暗闇のなかでしか輝けない枯れ木の偽りの光彩のように、少しのことで無残に崩れ去る――。偶然の出会いから生じた、過去も未来もない、一瞬の楽しみ――。幻想と、冒険心をくすぐる名状しがたい興奮は、鋭い味をした未熟の果実さながら、口にするまえから喜びをあたえてくれる

——。過去の記憶も、未来への希望もない、感情——。果てしなく色合いを変える、暗くかすかな情緒——。これらすべてが、彼の作品のうちに見出だされるのだ！　天与の才能によって、生まれながらに美と名声と並外れた優雅さをあたえられた、高潔な作品のうちに！

先ほど述べた作品や彼のバラードやワルツや練習曲《エチュード》の多くには、我々がこれまで言及してきたような詩的な情緒が美しく香料防腐保存《エンバーミング》されている。こうした気まぐれな詩の数々は、今にも壊れてしまいそうなほどの繊細さを保ったまま理想の域にまで磨き上げられているので、人間界のものというよりも、むしろ妖精の世界から聞こえてきたもののように思えてならない。その音楽のなかで明かされるのは、ペリや、ティターニアや、エアリエル、女王マブ、妖精王オベロン、それに空気や水や火の精霊たちが見せる、軽率な自信や、苦い失望や、こらえがたい嫌悪感なのである。

これらの作品のなかには、いたずら好きな恋する風の精《シルフ》のたくらみのように陽気で幻想的なもの、また、火の精《サラマンダー》のように揺れ動く光のなかで戯れているもの、さらには、果てしない落胆のなかで吐息を漏らすものがある——まるで、救済のために必要な祈りの捧げ方さえも知らずにいつまでも苦しみ続けている、哀れな魂のため息のように。そして、ときには救いようがないほどに暗い絶望のどん底に行き着く。我々は、バイロン的な悲劇の渦中に立っているような心地がして、祖国への愛ゆえに流刑地へ向かい、落命することとなったヤコポ・フォスカリ(9)の感じたであろう悲痛な苦しみにさいなまれるのだ。また、感情を必死に抑えて、身体を小さく震わせながらむせび泣くような曲もある。あるいは、黒鍵だけで書かれたある曲のように、鋭く精緻なものもあり、それらを聴くと、我々はショパン本来の快活な性格を思い出す。アッティカ風(10)の表現を愛していた彼は、気高い情緒にしか心を許さず、下品な笑いや、卑猥な冗談や、低劣な娯楽に対しては、嫌悪感を抱いて後ずさりしたのだった——ちょうど我々が、吐き気をもよおさせる卑しく不快な生物を忌み嫌うのと同じように。

彼の多くのマズルカでは、主題も、その音楽的な印象も、きわめて変化に富んでいる。靴の踵《かかと》を飾る拍車《スパー》の男性的な響きが聞こえてくることもあれば、踊り手たちの軽やかな吐息によってかすかに揺らされる喪章や絹の薄織りの、ほとんど知覚できない音のこともある。あるいは、金やダイヤモンドの連なった鎖が鳴る音を聞くこともあるだろう。一部の曲においては、戦いの前夜に催された舞踏会を包み込む、闘争心と不安の入り混じった雰囲気が描き出される。必死に涙をこらえた人々の悲嘆のため息と絶望的な別れが、マズルカのリズムを通して、生き生きと蘇ってくる。また別の曲では、祝祭の場で客人らが感じたであろう居心地の悪い倦怠が描かれた——この人々は知っていたのだった、陽気な音楽をもってしても、悩める魂の鋭い叫びをかき消すことはできないのだと。

ときには、喘ぐような息遣いのなかに、人々の恐怖心を聞くこともある。彼らは身震いしている、漠然とした予感のために——。果てしない闘争へと繋がり、すべての希望が失われても未練を断ち切ることができないような、不吉な、愛の予感のために——。嫉妬に狂い、しかも、勝利の日が決して訪れないことを知りながらも、自尊心ゆえ、相手を呪うこともできず、ただ自らの暗い悲哀のなかに逃げ場を求めるのだ——。別の曲では、まるで旋風《つむじかぜ》の中心に巻き込まれたかのような、異様な狂気を感じる。その神秘的な混沌のなかを、激しい動悸に息を切らしながら、荒々しい旋律が何度も駆け抜けていく。その様子は、希望に裏切られても、絶望に喘いでも、苦悩に傷付けられても、それでもあきらめることのできない愛のために、痛ましく疼《うず》き続ける心臓のようである。さらに一部の曲では、過去の輝かしい記憶が色褪せてしまうのを暗示するような、トランペットのかすかな残響が聞こえてくる。加えて、ほの暗い空に寂しく浮かんだ一番星を見つめるときの二人の若い恋人たちの不安定な感情のような、おぼろげで、落ち着かない、優柔不断なリズムをもつ曲もある。

ある日の午後、三人だけの部屋で、ショパンは長い時間ピアノに向かっていた。その場にいた一人は、パリでも指折りの名高い貴婦人だった。彼女はこう言った。あなたの音楽を聴くたびに、心が厳粛な瞑想によって満たされていくのを感じますが、わたしにはそれが、木陰と美しい花々が旅行者の目を楽しませるはずのトルコの野原に赴いて、その所々に並ぶ墓石の数々を目にしたときに心に生じる、あの名状しがたい感覚のように思えてならないのです、と。そして、婦人は重ねてショパンに尋ねた。何ゆえ、表面的には甘く優しいだけの調べに思われるこれらの作品が、いつの間にか、聴く人の心に哀しげな畏敬の気持ちを生じさせるのですか、そして、美しい彫刻細工の雪花石膏《アラバスター》の骨壺に納められた無名兵士の遺灰にも似る、この不思議な情緒には、どのような名があたえられるべきでしょうか、と。

ショパンは彼女の美しい目に浮かんだ涙を見て心を動かされたようだった。そのためであろうか、普段なら自身の輝かしい音楽の殿堂に祀《まつ》られた聖遺物《レリック》の秘密を探るような試みに対しては敏感に拒絶する彼であるのに、このときは実に似合わない率直さを見せて、この問いに答えた。

「あなたの心が不意に暗い影に包まれたのは、思い違いなどではありません。私もまた、どのようなつかの間の楽しみを味わっていても、決してその感情から逃れることができないのですから。それはたしかに、表土のごとく、私の心を覆っています。そして、存じ上げる限りでは、ポーランド語の〈ジャル〉（ŻAL）という言葉だけが、この気持ちをうまく表してくれます。他の言語のなかにはどうしてもこの語と同等のものを見つけられれません。」

この単語は、憎しみから後悔にいたるまで、激しい悲嘆から生じうるすべての情緒を表し、しかもそれらのすべての陰翳さえ描き出すという。ショパンは、まるでこの響きに飢えていたかのように、何度も、何度も、繰り返し唱えるのだった。

〈ジャル〉――！　不思議な多様性と、不思議な哲学をもった、不思議な名詞。様々な状態を表すこの言葉には、必然の運命や深遠なる神の宣告を前にしてなす術なく身を屈める人間の、あきらめを帯びた悲嘆と、そこから生じるすべての優しさと慎ましさが含まれている。さらに、特定の人に対する感情として使われた場合には、この言葉は即座に性格を変えて、別の意味を帯びるようになる。興奮、動揺、恨み、恥辱から生じた反感、計画的な復讐――。そして、苦く不毛な憎悪を噛みしめ、報復の時機を窺いながら、絶え間なく繰り返される、威嚇《いかく》と脅迫――。

〈ジャル〉――！　この情緒こそがショパンの作品全体を彩っている。あるときには暗銀色の糸のごとく織り込まれ、あるときには情熱的な色調をして輝いている。この悲痛な感情は、甘美をきわめた作品のなかにも見出だされるのだ――極限の感情を知り尽くしたシェイクスピア的天才、ベルリオーズ[11]をして〈神聖な恍惚〉とまで言わしめたような作品にさえ。
ショパンの音楽を満たす〈神聖な恍惚〉は、東洋との文化的接点をもつ国々においてしか理解されることがない。そうした国の男たちは、母親に優しく揺られたときや、妹のわがままに付き合うとき、そして何より、思いを寄せる人に魅了されたときに、この特別な恍惚を味わってきた。だからこそ、彼らの目には他国の女たちが粗野で味気ないものに映り、乾杯の際にはこう自慢げに叫ばずにいられないのだ。

ベルリオーズ

ポーランドの女に並ぶものなし！＊
(NIE MA JAK POLKI!)

また、これらの〈神聖な恍惚〉に包まれながら、ポーランドの女たちは愛らしい魅力を身に付けていく。そして、ついにはただ存在するだけで詩人たちの熱情的な理想を叶えられるようになるのだ。詩人というのは、シャトーブリアン氏[12]がそうであったように、熱に浮かされた思春期の眠れない夜にいつまでも取り憑かれ、「純潔にして堕落し、無知にして全てを知り、愛人にして処女である」イヴの幻影を自らのために創り出そうとするものであるが、この美しい夢に似た唯一の存在こそ、一七歳のポーランドの乙女なのであった。「オダリスクとヴァルキリーを合わせたような、あるいは、季節の軛《くびき》から逃れた古代の風の精《シルフ》を具現化した、新たな花の女神《フローラ》であるかのような」この乙女こそ、シャトーブリアン氏が再会を恐れた人物なのだ。〈神聖な恍惚〉は寛大であると同時に強欲でもある。その魅力に酔いしれた哀れな心のうえに、索具《さくぐ》も櫓《オール》もなく漂う一隻の小舟があるのを見つけると、不安定な波を送りつけて、激しく翻弄する。ショパンは、独特の奏法を用いることで、この絶え間なく続く波をきわめて優美に描き出した。彼の指から奏でられた旋律は、まるで荒波の中心に浮かぶ小舟のごとく、漂い、揺れ動くのだった。

ショパンの演奏様式の代名詞ともいうべきこの表現手法は、最初のうちは、彼自身が書き添えた〈テンポ・ルバート[15]〉という語によって示されていた。この奏法によって、彼の音楽は動揺し、流れてはよどみ、柔軟でありながらも唐突な動きを見せ、あるいは、気まぐれな微風《そよかぜ》に煽《あお》られた火炎のごとく揺らいだ。しかし、後期の作品ではこの指示記号はもはや見られなくなった。ショパンは、然るべき理解を得た演奏家であれば自《おの》ずとこの不規則な波動に行き着くはずだと考えたのである。彼のす

---

*この言葉の起源は、ポーランドの男たちが、自らの愛する婦人の健康を祝して、自身の靴に酒を注いで乾杯した風習にあるとされる。これこそ、彼らの熱狂的かつ騎士道的な心遣いを象徴する、きわめて特徴的な伝統の一つであろう。

べての作品はこの抑揚ある波に乗せて演奏されなくてはならない。だが、彼の演奏を聴いたことのない人々にとっては、この奏法の秘訣《ひけつ》にたどり着くのは容易なことではないはずである。

ショパンは自らの数多い弟子たちに——とりわけ、祖国を同じくする弟子たちに——この演奏様式を受け継がせたいと願っているようだった。そして実際、ポーランドに生を受けた彼ら（むしろ、彼女ら、というべきかもしれないが）は、作曲家の心の奥深く、青い海の底から湧き上がる波を見事に捉え、詩情や感情に関わるすべてのことを首尾よく理解して、この奏法を習得していった。祖国ポーランドの理想を直観的に汲み取る先天的な能力がその助けとなったことは、いうまでもないだろう。

（1）プブリウス・オウィディウス・ナーソー（Publius Ovidius Naso, 43 BC–18 AD）。古代ローマの詩人。代表作である『変身物語』は、ルネサンス期以降の詩人や画家、彫刻家らに多くの着想をあたえた。

（2）ギリシア神話に登場する女の英雄。『変身物語』において、夫のヒッポメネスとともにライオンの姿に変身させられる場面がある。

（3）Homer. 古代ギリシアの詩人。紀元前八世紀頃に小アジアに生まれ、吟遊詩人としてギリシア諸国を旅したと伝わる。古代ギリシアの二大叙事詩（『イーリアス』と『オデュッセイア』）の作者とされる。

（4）トルクァート・タッソー（Torquato Tasso, 1544–1595）。イタリアの詩人。フェラーラのエステ家に仕えながら、『解放されたイェルサレム』などの詩を書いた。同作が異端と扱われることを恐れて一部を改訂したが、そのことを思い悩んで精神に異常をきたし、何年もの間、病院に監禁されることとなった。

（5）小説『ジル・ブラース物語』の主人公。作者はフランスの小説家、アラン＝ルネ・ルサージュ（Alain-René Lesage, 1668–1747）。

（6）イスラームの天女。

（7）オノレ・ド・バルザック（Honoré de Balzac, 1799–1850）。フランスの小説家。〈人間喜劇〉という総題のもとで九〇編あまりの小説を残した。

（8）バルザックの長編小説『モデスト・ミニョン』の献詞からの引用。異国の君とは、献詞先のエヴェリーナ・ハンスカ夫人のこと。ハンスカ夫人はポーランド人で、のちにバルザックの妻となった。

（9）ヤコポ・フォスカリ（Jacopo Foscari, ca. 1416–1457）。一五世紀ヴェネツィアの貴族。無実の罪で告発を受け、流刑を命じられた。流刑地への護送船のなかで息絶えたとされる。バイロンの戯曲『二人のフォスカリ』にも描かれた。

（10）古代ギリシアのアッティカ地方において、「簡潔かつ優雅な」修辞表現が発達したことを指す。

（11）エクトル・ベルリオーズ（Hector Berlioz, 1803–1869）。フランスの作曲家。革新的な楽器編成や管弦楽法によってロマン主義音楽への道を切り拓いた。代表曲には《幻想交響曲》などがある。

（12）フランソワ＝ルネ・ド・シャトーブリアン（François-René de Chateaubriand, 1768–1848）。フランスの作家、政治家。ロマン主義文学の先駆者であり、『キリスト教精髄』や『アタラ』などの作品を残した。

（13）イスラームの後宮に仕え、君主の寵愛を受けた侍女たち。

（14）北欧神話に登場する乙女。戦場において生きる者と死ぬ者を定めるとされる。

（15）Tempo rubato. テンポを揺らしながら奏でることを指す。

第四章　ショパンの演奏

"Chopin at the piano." (1838) by Jakob Götzenberger

ショパンと演奏会

これまでの章で、我々はショパンの優れた作品について述べてきた。ときには征服者として、ときには捕虜として、悲しみ（つまり、洗練された芸術の力によって〈神との和解《リコンシエーション》〉を叶えられるべき凄惨な現実）と正面から向き合った一人の天才の感情が、音の響きとともにあふれ出てくるような作品——。すべての青春の思い出が、すべての温かい愛情が、すべての内に秘めた欲望と情熱が、涙の壺《ラクリマトリー》に注がれる涙のごとく、美しく凝集《ぎょうしゅう》した作品——。あるいは、普通の感覚器官ではおよそ経験しえないような激しい空想と鋭い知覚を駆使して、木の精《ドリュアス》や山の精《オレイアス》や海の精《オケアニス》の領分へ足を踏み入れていく作品——。

これらに続けて述べられるべき事柄は、無論、ショパンの巧みな演奏表現ということになるのだが、我々はこれをやすやすと引き受けることができない。もっとも深い記憶やもっとも愛おしい回想に結び付いたあの情緒を今さら掘り返して眺めてみるなどという憂鬱な行為も、あの愛すべき演奏技術に被せられた陰鬱な白布《シュラウド》を今さら豪華絢爛《ごうかけんらん》に着色してみるなどという物悲しい行為も、我々にはできそうにない。我々の心は、今も、彼を失った悲しみに悶えているから、冷静な分析を行なうことは難しいだろう。それに、我々の全力をもってしても多くを伝えきることはできないはずだ。ショパンの演奏を聴いたことがない人々に対しては、あの言い表すことのできない詩的な美しさや、繊細かつ華々しい魅力についてのほんのあらましを伝えることさえ望めない。彼の演奏は、ちょうどヴェルヴェーヌやカラー・エチオピアの花の崇高かつほのかな香りがそうであるように、野蛮人が強烈なチューベローズの香りや樹脂の薫香を嗅ぐときにするような、荒く不潔な呼吸によっては味わうことができないものだった。

清らかさの点でも、『パンくずの妖精』や『アーガイルの妖精』[1]を思わせる雰囲気の点でも、熾天使《セラフィム》と月の女神《ディアーナ》が代わる代わる互いの心に秘めた不満や夢をささやき合うという点でも、ショパンの独特な演奏表現はノディエ[2]を思い出させる。ショパンは、ノディエがそうであったように、自らの作品が大衆受けせず、鉛の海のように鈍い庶民の心を盛り上げうるものでないことを知っていたし、もし仮にその鉛の海に熱を加えて無理やり輝かしい波の起伏を製錬するにしても、そのような大仕事は巨人キュクロプスの腕力なくしては叶わないのだとよく理解していた。

また、彼は、聴衆の全員が〈天空の世界〉に足を踏み入れる心構えを済ませているというごくまれな状況においてしか、自分の演奏は真に共感されないのだと悟っていた。天空の世界——。そこでは、昔の人々が想像したように、唯一の出入り口である象牙の門をくぐると、ダイヤモンドの付柱《つけばしら》が立ち並び、天井を見上げれば、鹿毛色《かげいろ》の水晶のドームが美しく七色に輝いている——。空中に漂う、万華鏡の反射光にも似た輝きは、まるでメキシコのオパール石のように、オリーヴ色の霧に包まれながら見え隠れし、夢が現実化したかのような、魔術的かつ超自然的な印象をあたえている——。まさにこうした世界においてこそ、ショパンは自らの音楽の魅力を伝えることができたのである。彼はかつて、以前からよく演奏会を開いていたある音楽家に、次のように打ち明けたことがあった。

「私は演奏会には適さない人間であるようです。聴衆のことが恐ろしいのです。彼らの好奇の眼差しを受けると、たちまち神経が麻痺してしまいます。彼らの奇妙な顔つきのために憂鬱になり、彼らの呼吸のために窒息してしまいます。ですが、あなたは違いますね。あなたは演奏会に適しています。たとえ聴衆の心が鈍いものであったとしても、あなたには、彼らを驚かせ、圧倒し、支配し、従わせるだけの力があるのですから。」

ショパンは自らの才能が容易に理解されるたぐいのものでないことに気付いていたので、滅多に公衆の前で演奏しなかった。彼がパリ以外の場所で演奏会を開いたのは、一八三一年にウィーンとミュンヘンでデビューを飾った際の数回だけである。もっとも、その後の不安定な健康状態のことを考えると、演奏旅行などできるはずもなかったのであるが——実際、何か月にもわたって生死の境をさまようことすらあったのだ。ショパンは一度だけ、暖かく穏やかな気候が健康によい影響をあたえることを期待して南方の地へ向かったことがあったが、そのときにも、何度も危険な状態に陥った。彼の肺病がすでにかなり進行していて、高い感染力をもっていると見て取った宿屋の主人たちは、一度ならず、使用したベッドとマットレスの焼却処分代を彼に請求したというくらいだ。とはいえ、我々としては、彼が演奏会を開かなかったのは、自身の肉体的疲労を案じたためというよりも、むしろ芸術家としての感受性がすり減ることを恐れたためなのではないかと思っている。

ショパンが大衆の喝采を放棄するようになったのは、おそらく、その心に負った傷のためだった。

彼は自身の卓越性をよく自覚していただけに、その才能にふさわしい称賛や、自らの芸術が真に理解されたと思えるような反響が聞こえないときには、大きな失望に襲われたのかもしれない。そうして気まぐれな大衆を見限った彼は、代わりに、少数の選ばれた人々に――そして、彼らの熱烈な称賛に――活路を見出だそうとした。だが、その〈少数の人々〉でさえ、本当に彼の音楽を深く理解しているのかは疑わしかった。そして、知らず知らずのうちに不満の感情が心に宿り、理由さえわからない間に精神をむしばんでいった。ときには、称賛を受けたせいで傷付いてしまうこともあった――その賛辞はたしかに彼にふさわしいものであったのだが、一方で、全体の芸術性を述べたものではなかったのである。部分的な称賛など、彼にとっては侮辱も同然だった。そうした賛辞が、まるで鬱陶《うっとう》しい土埃を払うかのように、上品な言葉によって払い除けられていくところを見ても、ショパンが聴衆に失望していたことは明らかだった。彼は、自らの音楽がほとんど理解されていないだけでなく、むしろ誤解すらされているのではないかと、内心感じていたことだろう。浅はかな称賛に一喜一憂させられるよりも、静かに孤独な感情の世界に浸っていたい――。ショパンがそう思ったとしても不思議はなかった。

鋭い風刺眼をもち、当代一流の皮肉屋でもあったショパンは、自身が皮肉にさらされることを許せなかったのか、〈人々に理解されない哀れな天才〉のごとくふるまうことだけは絶対にしなかった。彼は自己の正当な自尊心に傷を負いながらも、それを優美な物腰や満ち足りた表情によってすっかり覆い隠し、誰からも見られないようにしていた。とはいえ、徐々に演奏会の頻度は減っていき、*我々としてもその理由をこう感じ取らないわけにはいかなかった。つまり、ショパンが演奏会を避けているのは、その肉体が衰弱したためではなく、正当な評価を得られないと感じているためだと。実際、日常的に多くの生徒を指導し、自らも長時間ピアノに向かっていたという事実が、彼に十分な体力のあったことを裏付けているではないか。きっと、彼にとっては、教養ある少数の人々の心に生じた感動の輪郭が、彼らの遠回しで淡白な伝え方のために、すっかり霞んで見えなくなってしまうのも、誠に残念なことであったに違いない。上流社会の人々の優雅な心は、ちょうど彼らのデザートの果実がそうであるように、いつも糖衣《グラッセ》の層に覆われていて、たとえ激しい熱狂を感じていても常に沈着冷静にして悟らせないものであるので、ショパンには物足りなく感じられたことだろう。哀れな詩人は、聴衆たちが見せた申し訳程度の反応からは、自らが解き放ったはずの霊感を見つけ出すことができなかった。そして、彼に審判を下すべく列を作っている、アレオパゴス評議会(3)を彷彿とさせるような冷たい視線には、何を期待しても無駄であると考えるようになった。本心では、自らの演奏が聴衆を感動させ、燃え立たせ、確かな直観を共鳴させ、彼らを無限の彼方へ引き連れているのだと実感したかったはずなのに！　そして、ちょうど渡り鳥の頭役が出発の合図をしたときのように、聴衆が一丸となって彼のあとに続き、温暖な海岸を目指して飛んでいくのを見たかったはずなのに！――

だが、もし現実が違うものであったならどうだろう。ショパンがいたるところで彼の真価に見合った高い名誉と称賛にあずかっていたとしたら――。ショパンの作品が、他の多くの作曲家のように、国や地域を越えて愛されていたとしたら――。そして、世界各地に拍手喝采のジュピター神殿を作り出し、人々から惜しみない敬意と賛辞を捧げられていたとしたら――。数百人ではなく数千人の人々に理解され、共感されていたとしたら――。そうであったならば、我々は今頃、この章で立ち止まることなく、それらの勝利を喜々として数え上げることができていただろうに！

永遠の月桂冠に値する人物に向けて、一時間で萎れる花束を贈ったところで何になるだろう？　一時的な共感も、短命な賛美も、輝かしい栄光をまとう高貴な死者の前ではふさわしくない。真の芸術作品というべきショパンの神聖な音楽は、地域や時代を越えて、疲れ、苦しみ、渇き、耐え忍び、祈り続けている心に届き、喜びを、慰めを、そして癒しを、あたえていくに相違ない。この詩人と未来の芸術家との間には、断つことのできない絆が結ばれていくことだろう――その場所が地球上のどこであろうと、どの時代であろうと、互いの心情を深く理解することのできる絆が。ショパンのような天才は、寡黙を貫けば同時代の人々から酷評され、雄弁に語ればとかく誤解される。ゲーテ[4]はかつて言ったことがある。王冠にも色々あるから、散歩する間にやすやすと摘み集められたような王冠だってあるだろう、と。もちろん、そうした種類の王冠のさわやかな香りも一時的には結構なものである。しかし、それがショパンのなした労苦に見合っているかというと、話は別である。そのような簡素な

＊まったく演奏会を開かずに数年が過ぎるということも幾度かあったし、我々の記憶するところでは、一八四一年にプレイエル氏のサロンで行なわれた演奏会も、実に一〇年近い中断を経たものであったはずだ。

王冠が、ショパンの不断かつ模範的な努力に見合い、ショパンの芸術への真摯な愛に見合い、ショパンの感じた深い悲しみに見合い、ショパンが忠実に描き出した嘆きに見合うなどとは、いったい誰が考えるものであろうか！

ショパンはこれらの手近な王冠には興味を示すことがなかった（この種の王冠を自慢げに身に着けている人物を我々は一人ならず知っているが）。また、愛国心というきわめて高潔な情緒に満たされていたために、いつも純粋で、寛大で、善良で、情け深かった。そして何より、日頃から祖国ポーランドの詩情を一身に背負った精霊のごとくふるまっていた。

さあ、今こそ、大いなる崇敬の気持ちとともに、彼の神聖な墓の前へ進み出ようではないか！

今こそ、彼の墓にふさわしい装飾をほどこし、その栄光に見合う王冠を捧げようではないか！

今こそ、神聖な白布《シュラウド》の前で気高く思想を高めて、彼にならい、究極の理想以外には目もくれずに生きようではないか！

今こそ、つかの間の流行のために能力を空費するのをやめて、永久不変の成果のために総力をあげようではないか！

この時代の腐敗した精神と決別し、芸術に値せぬもの、時の流れに耐えられぬもの、そして、精神の永遠の輝き（芸術の使命とは、この輝きをそのままの美しさで伝えることなのだ）を宿さぬものに、別れを告げようではないか！

簡素な言葉のなかに間然するところなく素晴らしい詩情が詰め込まれた、あのドーリア人(5)の祈りを思い出そうではないか！　彼らはただ神に乞うたのだ、〈我らの捧げる美の代わりに、善をもたらしたまえ〉と！

今こそ、目の前の聴衆を喜ばせることに多大な努力と犠牲を払うのをやめて、ショパンのように、我々が愛し、苦しんだ証《あかし》として、崇高かつ不滅の響きを残そうではないか！

今こそ、彼の尊敬すべき記憶に学び、神聖なる芸術の城砦《ポリス》への通行許可証となりうるような作品を生み出すことを誓おうではないか！

今こそ、編み上がると同時に色褪せてしまうようなはかなく空虚な花冠を求めるのをやめ、現在から未来へと目を移そうではないか！

ショパンのサロン

ショパンはそれらの王冠の代わりに、名高い同輩たちから一人の芸術家が生前に望みうる限りの光栄ある祝福を授けられた。また、一部の聴衆からも熱狂的に称賛された。それも、彼の演奏会に現れるような音楽好きの上流階級のなかでも特に優れた、格別に誉れ高い人々からである。彼らは、ちょうど諸侯が皇帝に敬意を捧げるときのように、ショパンの前に身を屈め、それぞれに然るべき忠誠を尽くしたのだった。これまでにも異国の人々を寛大に迎え入れ、精緻な審美眼によってその地位や資格を見定めてきたフランスという国であるから、ショパンのような才能は見過ごされるはずもなかった。

ショパンのサロンには、パリのなかでも特に洗練された人々が集まっていた。想像力を欠いた人々によって、ただ格式ばっているだけの退屈な集まりが〈定期的に開催〉されるのはよくあることだが、ショパンのもとに集まる紳士淑女はそうした過ちを犯さなかった。喜びも、安寧も、興奮も、活力も、決して予定通りに生じるものではないと知っていたのである。実際、芸術家という人種は、その手の情緒を操ることに長けていない。多かれ少なかれ、〈聖なる感覚麻痺〉とでも呼ぶべき病に侵されているために、その痺れをなんとか振り払わないことには、驚きのあまり絶句している客人たちと一緒になって花火の輝きを――ローマ花火やベンガル花火のきらめき、流れ落ちる火炎の滝、そしてときには、恐ろしくも美しいドラゴンの飛翔を――眺め楽しむことができないのである。歓喜を味うのに欠かせない〈強く快活な心〉は、残念なことに、詩人や芸術家のなかには滅多に見出だされない。もっとも、一部には、幸福な感性に恵まれて、心の痛みを乗り越えられる人もいるのだが。そうした人はいつも軽々と精神的な重荷に耐えて、仲間とともに苦難の数々を笑い飛ばし、あるいは少なくとも、常に心の平静を保つくらいのことはやってのける。そうなると、前向きな態度は仲間たちにも波及し、落ち着いた気品のもとで彼らを勇気づけ、活気づけ、高揚させ、希望を――彼らが普段見せる倦怠感や、放心や、陰鬱な表情や、無関心な態度とは似ても似つかないような、自由な魂の希望を――あたえていくこととなる。

だが、ショパンという音楽家は、今述べたいずれの部類とも違っていた。彼は生まれながらにポーランド的なもてなしの心を備えていたので、客人を喜ばせることは単なる慣習法上の義務ではなく、自身の名誉に対する責務でもあると考えて、これに全力を傾けたのである。だからショパンのもとを訪ねるのはいつも楽しかった。他の客人たちも彼に惚れ込んでいた。ショパンは一瞬のうちに我々をくつろがせ、何もかも我々の思いのままになるようにしてくれた。スラヴ系の社会においては、一介の労働者が自らの小屋に人を招くようなときでさえも、この寛大な態度が固く守られ、アラブ人も顔負けの熱心なもてなしが繰り広げられる。そして彼らは、十分な華々しさを用意できないことの埋め合わせとして、必ずある言葉を繰り返すのだ。それは、かつて、ある大領主のために金箔の天蓋《てんがい》のもとで贅沢きわまる食事がふるまわれた際にもやはり用いられ、この大領主が即座に打ち消すこととなった言葉であった。

チェム・ボハトゥ・ティム・ラドゥ

（CZYM BOHAT, TYM RAD）

これは他国語では次のような意味になる。

どうか我々のいたらぬ点をお赦《ゆる》しください。今お出ししているものが、我々の粗末な富のすべてでございます*。

今もなお、ポーランドの古きよき風習を受け継ぐ家々では、この独特の気品と威厳に満ちた言葉を聞くことができる。

ショセ・ダンタン通りでの夕べ

このような具合に、我々はここまでポーランド人に共通するもてなしの風習について話をしてきたから、ショパンとの会合がいかにくつろぎに満ちたものであったかは、すでにわかってもらえたことと思う。彼のサロンでは純真な思想が自由に飛び交い、誰かに退屈な印象をあたえることも、後味の悪さが残ることも、不興を買うことも、一度としてなかった。ショパンは社交好きな方ではなかったが、自らのサロンに客を迎え入れるときだけは、丁寧な気配りによって人々を喜ばせた。誰か一人だけを気にかけることはせずに、すべての客人が心から楽しむことのできるものを上手に見つけ出したし、誰か一人だけを無視するようなこともなく、すべての客人に分け隔てなく親切な態度で接した。

だが、ショパンが彼の部屋ですんなりとピアノを弾いて聴かせることは滅多になかった。互いのことを誠実に尊敬しあう間柄の友人が熱心に一曲を聴きたがったような場合でさえ、かたくなな態度で断るか、疎ましそうな表情を浮かべて拒むか、そのどちらかであった。だからこそ、我々はあの輝かしい時間を――あの美しい夕べに、皆でショセ・ダンタン通り(6)の彼の邸宅に押しかけたときのことを――忘れることができないのである。

思いがけない訪問を受けたショパンの部屋では、プレイエル製のピアノの周りをたった数本の蝋燭《ろうそく》が照らしているだけであった。このピアノは、わずかに霞んでいるようでありながらも深く澄んだ響きを生み出し、ドイツの名工が水とガラスから作り上げたアルモニカ(7)を思わせる優しい音色を奏でることができたので、ショパンのお気に入りの楽器となっていた。

部屋の隅々はすっかり暗く朦朧《もうろう》としていて、どこまでも際限なく暗闇が続いていくかのようだった。少し目が慣れてくると、白い布をかけられた背の高い家具がちらほらと薄明りのなかに現れてきた。そのおぼろげな姿は、美しい音楽に誘われて耳を傾けている亡霊のようでもあった。ピアノのもとに集められた蝋燭の光はゆっくりと床を伝いながら波のように広がり、そのまま暖炉の明かりのなかに溶け込んでいく。その暖炉からは、まるで気まぐれな妖精たちが神秘的な呪文に招かれて集まってい

＊ポーランドで使われる社交辞令には、このほかにも、東洋の言語にありがちな誇張表現が盛り込まれているものが多い。例えば、彼らは今でも〈きわめて強力かつ聡明な、偉大なる主君〉（JASNIE WIELMOŻNY, JASNIE OSWIECONY PAN）という敬称を用いるし、会話のなかでは常に互いのことを〈恩人〉（DOBRODZIEJ）と呼んでいる。また、男同士や、男が女に向かってするお決まりの挨拶には〈貴殿の足下へ身を屈めます〉（PADAM DO NÓG）というものがあるほか、昔ながらの厳粛かつ簡素なやり取りと好む人々は、〈神に栄光あれ〉（SŁAWA BOGU）と言い合って礼を交わす。

るかのように、オレンジ色の羽毛がいくつも飛び上がり、地面に落ちていった。そして、我々の敬愛する音楽家もまた、その呪文を理解する人であったから、楽器の前に腰掛けながら、生じては消える、ため息や、呻きや、ささやきに、耳を傾けていた。美しく磨かれた鏡に目をやると、不思議な偶然にも、清らかな巻き毛に縁取られた美しく端正な顔がまるで絵画のように映し出されていた——その顔こそ、のちに多くの画家に筆を執《と》らせる顔であり、また、死に際しては自らを偲ぶ人々のために彫刻家に刃を持たせることとなる顔であった。

光に照らされたピアノの周りには、輝かしい名声を誇る芸術家が集まっていた。悲愴と諧謔《かいぎゃく》をあわせもつ稀有な詩人ハイネ(8)は、ショパンの奏でる神秘の国の物語に聴き入った。彼ら二人は、同じ神秘の世界において、同じ優美な幻を追い求め、同じ美しい海辺を探検していたから、一瞬の眼差しだけで——あるいは一つの言葉や音だけで——互いの心を理解することができた。

「今でもあの妖精は、流れるような緑髪の上に銀色のヴェールを優美にまとって、人々を誘惑しているのだろうか?」

詩人が耳元でささやき、〈笑う妖精《ニュムペー》〉の様子を知りたがると、音楽家は妖精の国から届いた神秘的な啓示をピアノの音に乗せて、彼の疑問に答えてみせた。妖精の国々に伝わる愛の物語やうわさ話のことをよく知っていた詩人は、再び尋ねた。

「では、長い白髭《しらひげ》をたくわえた海の神は、今でもあの滑稽な愛情をもって、いたずら好きの水の精《ナーイアス》を追いかけているのだろうか?」

そして、今度もまた、音とともに我々の目の前に表れた優雅な情景に完全に通じていた詩人は、問いかけるのだった。

「では、あの国では、どんなときにも薔薇の花はあれほど輝かしく咲き誇っているのか？　月光に照らされた木々は、どんなときにもあれほど見事な歌を奏でているのか？」

ショパンが答え終えて、妖精の国をめぐる二人の会話に区切りがつくと、彼らは望郷の念に包まれて静かな思索にふけった。そして、ハイネは、苦悩を感じるあまり、幽霊船に乗って冷たい海原を永遠にさまよい続けるオランダ人船長(9)になぞらえて、自らの心境を歌い上げた。

ハイネ

「スパイス、チューリップ、ヒヤシンス、海泡《かいほう》のパイプ、そして磁器のコップが恋しい、〈ああ、アムステルダム、アムステルダム！　いつの日にまた見ることができようか、アムステルダム！〉船長は泣き叫ぶ、彼を永遠に水の地獄に閉じ込める大嵐が、すさまじい風を起こして、船の索具を鳴らすのを聞きながら。」

ハイネは続けた、「あの不運な船長の叫びを、心の底から理解できる。〈ああ、もしふたたび、アムステルダムに戻ることができたなら、何があっても、離れるものか！　たとえ鎖をはめられ、永久に街角に繋がれることになろうとも！〉ファン・デル・デッケンよ、なんと哀れなのだろう！」

詩人ハイネには、オランダ人船長ファン・デル・デッケンが経験した終わりのない恐怖と苦悩が、手に取るようにわかった。荒波の鋭い牙に船体を捕らえられながらも朽ちて沈むことは許されず、見えない錨《いかり》で海底深くに繋がれていることを知りながらもそれを見つけて断ち切ることはできない――。ハイネがこの不幸な船に乗り合わせた人々の希望と、絶望と、苦悶を描き出すことができたのは、彼自身が魅力的な水の精霊《ウンディーネ》の手招きにあって呪われた小舟に乗り込んでいたからだった。水の精霊《ウンディーネ》は、この客人が珊瑚の森と真珠層の宮殿に招かれてもなお不満げに棘《とげ》のある物言いをするのを見て、なんとかこの恋人の――彼女の水の王国すべてを合わせても足りないような、美しい幻想の世界を生み出すことのできる詩人の――機嫌を取らなくてはならないと思ったのだろう、晩餐をふるまったあとで、彼を夜の絶景の世界へ連れ出すことにしたのだった。

ハイネはこの不朽の船に乗って世界中を旅した。長い夜には、北極のオーロラが美しく輝き、嬉しそうに天球のスカーフを揺らして七色に変幻させながら、永遠に融けることのない巨大な氷柱《つらら》に光を当てるのを見た。熱帯地域では、短い夜の間に、焼けつくような太陽の日差しに代わって、黄道上の星座が輝くのを見た。生きることが苦痛となるような一帯を横切り、生きながらにして死を味わうような海域に進み入り、寄港のあてもない長い航路のなかで、天空の奇跡に通じていった。舵《かじ》のない船尾に座って、あるときは北の空にかかる荘厳なおおぐま座とこぐま座を見上げ、あるときは南極の虚ろな空に浮かぶ南十字星を眺めた。荒涼とした果てしない海原と、それをむなしく覆う、星のない暗い夜空とに挟まれて、絶望することもあった。美しくもはかなく消えていく流れ星を探しては、夜空を——理解しがたい不吉な輝きの出現に怯える夜空を——神秘的な彗星が気まぐれに通り抜けていくのを目で追った。遠い彼方から凶暴な眼差しで地球をにらみつける巨星アルデバランを見つめると、その明るくも陰鬱な、復讐に燃える目のごとき輝きに鳥肌が立った。また、燦然《さんぜん》と光る惑星に心を癒され、その体験を通して、慰めと安心のために怪しい秘教の謎めいた教義にすがる人々の気持ちを知ることもあった。

緯度によって異なる姿を見せるこれらの星々を、ハイネは一つ残らず眺め、観察したのだった。彼は自らの見たものを不思議なたとえ話で語った——ヘロディアスの騎馬行列[10]に加わり、魔王の宮殿や、ヘスペリデスの庭園[11]にも立ち入ったという。なるほど、彼は、色とりどりの宝石を振りまいてあらゆる厄災を帳消しにしてくれる親切な妖精に見守られながら、我々人間には近寄ることすらできない場所に出入りしたのである。

あの夕べ、薄暗い部屋のなかでハイネの隣に座っていたのはマイアベーア[12]だった。彼は以前から途方もない人気を誇り、人々からありとあらゆる賛辞の言葉を受け取っていた（それらを集めたら褒め言葉の辞書ができたことだろう）。巨大な和声の創造主であったマイアベーアは、ショパンの繊細な着想をゆったりと包み込む薄膜のヴェールに織り込まれた、精緻な音のアラベスクに耳を傾けて、楽しそうに悠々と過ごしていた。

禁欲的かつ情熱的な気高き芸術家、ヌーリ[13]もこの部屋にいた。彼は律儀で敬虔なカトリック教徒で

マイアベーア

ヌーリ

あり、中世の人々のごとく生真面目に未来を夢見ていた。そして、最後の何年かには、自らの才能が薄っぺらい感情表現のために用いられるのをはっきりと拒絶した。崇高かつ熱情的な敬意をもって芸術に身を捧げていた。ヌーリは、奇跡の数々を目撃するうちに、芸術のことを聖なる移動式神殿《タバナクル》のように考えるにいたった。つまり、美とは真理の輝きを備えたものである、と。だが、美に対する痛々しいほどの情熱は次第にヌーリの心をむしばみ、彼の眉間には鬱々とした感情の跡が冷たく刻み込まれてしまった。この種の感情は知性の鈍い人々にはどうあがいても窺い知ることのできないものであり、それが抑えきれない絶望となって姿を現したときには、哀しいかな、もう手遅れなのである。

ショパンとよく似た才能をもち、彼のもっとも親しい友人の一人でもあったヒラー[14]も、この場に居合わせていた。彼はのちに、あの驚くべきオラトリオ《イェルサレムの破壊[15]》に代表される偉大な作品を発表していくこととなるのだが、この頃は主にピアノ向けの小品を書いていた。なかでも、彼の《練習曲集[16]》はきわめて精緻な構想のもとに生き生きと描かれ、ちょうど、風景画家が巧妙かつ大胆な筆遣いで描く樹木の習作のように、たった一本の木や一本の枝、すなわち一個の主題だけを通して、光と影の小さな物語を聞かせてくれる。

　また、部屋中を飛び交う妖精を眺めながら、ドラクロワ[17]が静かに物思いにふけっていた。彼はきっと思案していたのだろう、この美しい幻想を人の目に見えるようにするには、いったいどのようなパレットと、絵筆と、キャンバスを揃えねばならないか、と。アラクネ[18]の織ったキャンバス——。妖精たちの長い睫毛《まつげ》から作られた絵筆——。透き通った虹の絵の具に覆われたパレット——。そんな奇跡のような道具を手に入れなければならないと思ったかもしれない。そして、そこまで考えたところで、ショパンの生み出した空想に向かって微笑みかけ、その真価を認めて身を屈めたことであろう。いつの時代においても、偉大な才能というのは自らと正反対の能力に魅せられるものであるから。

　この日集まった芸術家のなかでもっとも高齢だったのは詩人のニェムツェヴィチ[19]である。彼は、ショパンの手によって劇的な効果を帯びた〈歴史の歌〉に聴き入っていた。遠い昔を知るニェムツェヴィチにとっては、格別のひとときであったに違いない。かつてポーランドの吟遊詩人たちが歌い上げたあの情景

ヒラー

ドラクロワ

ニェムツェヴィチ

が、目の前のポーランド人音楽家の指先から、ふたたび流れ出てきたのだから。あの武器の衝突が、あの征服者の歌が、あの勝利の賛歌が、あの高貴な捕虜の嘆きが、そして、あの勇者を失った悲しみが、蘇ってきたのだから！　ポーランドの人々は、長く続いた国家的栄光とともに――そして、それぞれの時代を彩った勝利や、数々の王と王妃の物語や、英雄的な戦士の逸話とともに――そのような詩情を記憶のなかに繋ぎ止めてきた。だからこそ、そうした情景を生き生きと描き出すショパンの音楽を聴いたときに、この齢を経た詩人は、現実と幻想の区別を失い、古い日々が完全に復活したものと思い込んだのである。

　他の人々から離れたところに、暗く静かに、ミツキェヴィチの横顔が浮かんでいた。この北方のダンテともいうべき詩人は、他人の家に招かれるといつも居心地が悪そうにしているのだった。

　それから、サンド夫人[20]が、肘掛椅子に身を沈め、両腕を机に休ませながら、物珍しげに、しかし優雅に落ち着いた様子で、耳を傾けていた。少数の選ばれた人々だけが備える特別な能力――いかなる種類の美であっても決して見落とすことのない卓越した知覚――に恵まれた夫人は、その燃えるような才能のすべてを用いて、ショパンの音楽に聴き入っていた。美を直観的に見抜くこうした才能は、〈第二の視覚〉とも呼ばれるもので、世界中の才能あふれる婦人に共通する資質なのである。

この神秘的な透視の力は、いかなる表皮にも、仮面にも、形式の被覆にも、遮られることがない。隠された本質も、体現された魂も、はっきりと捉えられる。音符の流れ、熱情的な色彩のヴェール、大理石の彫面、詩の神秘的な韻律――。そうしたもののなかに詩人や芸術家が才能豊かに刻み込んだ〈芸術的理想〉も、取りこぼしなく認識される。この才能を備えている人は一般に考えられるよりもずっと少なく、しかも我々はそれを曖昧な形でしか見分けることができない。だが、ひとたび最高度に研ぎ澄まされると、この能力は、過去を知り未来を予言する〈神の託宣《オラクル》〉として、我々の前に姿を現す。この輝かしい力を授かった人々は、細かい学問的知識に埋もれて感覚を疲弊させることなく、ひと跳びで――地道に進む人々を軽々と跳び越して――生命の内側にある神秘の領域へ向かっていく。この才能は、科学的な知識を増やすことよりも、自然を深く知ることによって獲得される。

サンド夫人

　田園生活の魅力と価値は、常に自然と触れ合っていられることにある。神の啓示にたどり着きたいと願う人々にとっては、人里を離れて自然のなかで暮らすことは最善の選択肢かもしれない。そこには、無限の調和がある。形状の調和、響きの調和、光と影の調和、木々の音と鳥のさえずりの調和、そして、恐怖と喜びの調和――。もちろん、自然の生み出す途方もない多様性は気が滅入るほどに複雑であるから、一目見ただけで理解することなどできない。だが、どんな神秘にもたじろがない勇気と、どんな長時間の試練にも耐えうる決意さえあれば、我々はその多様性のなかから然るべき手がかりを見つけ出し、自らの感覚と感情を繋ぐ類似性、相似性、関係性を解き明かしていくことができるに違いない。そうして、一見すると無関係の事物や、対立する概念や、同等の対照物《アンチテーゼ》を結び付けている〈見えない鎖〉をたどることができるようになり、また同時に、限りなく近接していながらも決して交わることがなく、限りなく類似していながらも決して混同されるべきでない事物を分け隔てている〈狭くも深き溝〉の秘密も悟っていくことができるのだ。サンド夫人がそうであったように、若いうちから、選ばれた者しか聞くことのできない自然のかすかなささやき声を聞き取って、その案内のもとに神秘的な儀式の場へと誘われていくことは、詩人を詩人たらしめる、欠くことのできない資質である。そして、人類の夢を直観的に理解する術を自然のなかから学び取ると、今度は詩人の方が、自身の作品のなかに、木々の音や、鳥のさえずりや、恐怖や、喜びを、創造していく。そのとき、詩人たちはよりいっそう繊細な力が必要であることを知るのだが、この力こそ、サンド夫人が所有するものであり、直観的な心と活力あふれる才能という彼女の二重の美点がそれを裏打ちしていた。

サンド夫人の鮮やかな個性と衝撃的な才能は、ショパンのかよわく繊細な心を賛美の気持ちで埋め尽くし、そして、もろい瓶に注ぎ込まれた強烈な葡萄酒のごとく、内部から焼き尽くしてしまった。

我々が覚えているのはこの夫人の名までである。過去の記憶のおぼろげな輪郭のなかでは、不明瞭な残像と、あやふやな感慨と、不確かな幻影と、曖昧な確信とが際限なく沸き立ち、ぶつかり合っていて、これ以上、誰かの名を思い出すことはできそうにない。遠い追憶によって過去を眺めるとき、いつも我々は忘れられた情緒の亡霊に遭遇して、そのおぼろげな幻影によって視界を閉ざされてしまう。
あの時代には、幸運なことに、気高い魂と華麗なる知性を備えた人々が結集し、多種多様な関心や、燃えるような願望や、気忙《きぜわ》しい運動が渦巻いた。しかし、そのなかには、無数の〈死の不安〉（これは、すべての思想、すべての感情、あるいはゆりかごから墓場にいたる人生のすべてに、暗い影を落としてくる）に立ち向かい、抗えるだけの生命力をもった人というのは、残念ながらほとんどいなかった。たとえそれが短い精神的な苦痛にすぎないとしても、彼らの大半は、あの人類史上もっとも悲愴な結論を繰り返したに違いない。

ああ、どれほど幸せであったことか、
死んでさえいたならば！
どれほど格別に幸せであったことか、
この世に生まれてさえいなければ！

尊い人々の心臓を高鳴らせてきた様々な情緒のうちで、この恐ろしい呪いの言葉に帰着しないものが果たしてどれだけあるだろうか？　ミツキェヴィチの詩にある自殺した恋人（彼は地上の生活で味わったおぞましい苦悩を繰り返すためだけに死者の国に蘇るのだ）のように、おそらく、どれほど鮮明に感じられた情緒であっても、改めて思い出されるときには、台無しになり、焼け焦げ、傷を負い、障害をきたし、すっかり以前の美しさを失って、本来の無垢な魅力はどこにも見られなくなってしまうものなのだろう。

もし仮に、我々がこれらの陰鬱な亡霊を——滅んだ思想と死んだ感覚の亡霊を——幾重にも巻かれた白布《シュラウド》のなかから呼び覚まそうと躍起になったとしても、多分、おぞましい残骸を目にすることにしかならないだろう。純真さや崇高な輝きは失われ、かつての情熱的な日々に芽生えたはずの歓喜や苦痛は、もはや見る影もない。だから、死の世界から亡霊たちを呼び戻してそれらを痛々しい見世物にするのは、慎もうではないか。そんな陰気でぞっとする光景を見て、誰が耐えられようか？　死んだ情緒を安らかな眠りから覚ましたところで、誰の得にもならない。もし我々の考えや思想や感情が不穏な墓のなかから突然掘り起こされ、その一つ一つが人々の心に生じさせた印象（多くの場合、ただ人々を混乱させ、疲れさせ、惑わせ、呆れさせ、怒らせることにしかならないだろう）についてまで細かく説明を求められたとして、答えに窮することなく明快に返答できる人などいるのだろうか？　あるいは、もし人々の関心を一身に集めることとなり、その説明義務のために気をもむ状況に置かれたとして、後ろめたい過去や思想が一つもなく、すべてを包み隠さず打ち明けられる人などいるのだろうか？　もし我々の仲間のなかにそうした人物がいるとすれば、それはあの詩人をおいてない。彼の美しく繊細な記憶の残り香は、けっして人々の荒い鼻息の餌食になることはない。彼の卓越した才能は、一つの汚点すらない財産だけを——もっとも気高い情熱ともっとも清らかな喜びによって形作られた作品だけを――芸術という不滅の世界に置いていった。

さあ、今こそ、神に選ばれた詩人たちのために身を屈めようではないか！今こそ、彼らを〈すばらしき精霊〉として歴史に刻み込もうではないか！

かつて、偉大なるイタリアの詩人は言った、並外れた才能によって人類に恵みをもたらす天才には〈灼然《しゃくぜん》たる神意の刻印(21)〉が見られるのだと。今こそ、この神秘の印影を刻まれた天才たちのために、身を屈めなくてはならない！

そして、もっとも崇高かつ優雅な情緒に生命と表情を吹き込むという、ただ一つの目的のためだけに、その驚くべき才能を用いてきた偉大なる詩人たちを、今こそ、もっとも深い真実の尊敬によって、崇めなくてはならない！

そして、紛れもなく、そうした純潔で恵み深い精霊のなかに加えられるべき人物こそ、ショパンという芸術家なのである！

---

(1)『パンくずの妖精』、『アーガイルの妖精』はともにノディエの小説。

(2) シャルル・ノディエ（Charles Nodier, 1780–1844）。ロマン主義文学の中心的人物として、幻想的な作品を書いた。パリのアルスナル図書館で館長を務め、そこで開いたサロンにはヴィクトール・ユゴーやアレクサンドル・デュマらが集まっていた。
(3) 古代ギリシアの政治機構であり、貴族勢力の牙城として知られた。
(4) ヨハン・ヴォルフガング・フォン・ゲーテ (Johann Wolfgang von Goethe, 1749–1832)。ドイツの詩人、小説家、劇作家。『若きウェルテルの悩み』や『ファウスト』など、幅広い分野で重要な作品を残した。
(5) 古代ギリシアの民族の一つで、スパルタを始めとする都市国家を形成した。
(6) 現在のパリ九区にある大通り。ショパンは一八三三年から一八三六年までこの通りの五番地に住み、頻繁にリストの訪問を受けた。その後、ショパンは一八三六年に同通りの三八番地へ引っ越し、一八三八年までそこで暮らした。
(7) ベンジャミン・フランクリンが発明した楽器で、ガラスの共鳴を利用して音を奏でる。グラス・アルモニカや、グラス・ハーモニカなどと呼ばれることもある。
(8) ハインリヒ・ハイネ (Heinrich Heine, 1797–1856)。ドイツの詩人、評論家。『歌の本』に収録された詩からは、フリードリヒ・ジルヒャーの《ローレライ》を始め、多くの歌曲が生まれた。
(9) 英国の伝承『フライング・ダッチマン』に登場するファン・デル・デッケン。
(10) 中世ヨーロッパの神話に登場する女神ヘロディアス。夜になると女たちを動物に乗せて騎行させる。
(11) ギリシア神話に登場する美しい妖精《ニュムペー》たちが住む楽園。
(12) ジャコモ・マイアベーア (Giacomo Meyerbeer, 1791–1864)。ドイツの作曲家。《悪魔のロベール》や《ユグノー教徒》といった大規模な作品を書き、グランド・オペラ形式を確立させた。
(13) アドルフ・ヌーリ (Adolphe Nourrit, 1802–1839)。パリ・オペラ座で活躍したテノール歌手。花形歌手の座を失ったことに絶望し、三七歳で自ら命を絶った。
(14) フェルディナント・ヒラー (Ferdinand Hiller, 1811–1885)。ドイツの作曲家、ピアニスト。指揮者や音楽教育者としても活躍した。

（15）“Die Zerstörung Jerusalems,” Op. 24 (1840).

（16）Etudes, Op. 15 (1834).

（17）ウジェーヌ・ドラクロワ（Eugène Delacroix, 1798–1863）。フランスの画家。神話、文学、歴史など、幅広い対象に取材し、膨大な数の作品を残した。代表作には『キオス島の虐殺』や『民衆を導く自由の女神』などがある。

（18）ギリシア神話に登場する女。機織《はたお》りの達人であったが、その傲慢な性格から女神の怒りを買い、蜘蛛に変身させられた。

（19）ユリアン・ウルスィン・ニェムツェヴィチ（Julian Ursyn Niemcewicz, 1758–1841）。ポーランドの詩人。熱心な愛国者として知られ、ポーランドの五月三日憲法の起草に加わったほか、コシチュシュコの副官として活躍した。

（20）ジョルジュ・サンド（George Sand, 1804–1876）。フランスの作家。本名はオーロール・デュパン（Aurore Dupin）。代表作に『アンディアナ』や『レリア』、『愛の妖精』など。

（21）イタリアの詩人、アレッサンドロ・マンゾーニ（Alessandro Manzoni, 1785–1873）の言葉。

第五章　芸術家の生活

"Fr. Chopin." (1841) by George Sand

芸術と芸術家

高貴な感情を美しく彩るために、自らの卓越した才能を捧げる人々——。芸術作品を通して気高い情緒を鮮やかな流星のごとく輝かせ、大衆に驚きと喜びをあたえる人々——。そうした人々の日常生活について多くの関心が寄せられるのは、自然の成り行きであろう。ひとたび芸術作品が好評を博すと、巻き起こる称賛や共感はたちまちその創造者の名に結び付く。そして、その名は偶像化され、気高さと偉大さの象徴となっていく。人々は信じたいのだろう、高潔な感情を力強く描き出す芸術家という人種だけは、下劣な感情と無縁であるに違いない、と。あるいは、目にしたいのだろう、その悪意のない偏見と憶測が、芸術家に似合いの高尚な生活によって裏付けられるところを。

詩人と呼ばれる人々は、繊細優美な感性を通して、小さくかわいらしい美に心を動かす。ときには心の奥に隠された自尊心や臆病や疲労を鋭い直観によって見抜き、ときには若い日々に夢見るような愛を——つまり、もう少し歳を重ねた頃に絶望するであろう愛を——描き出す。彼らの天与の才は、人類の運命の悲惨をこともなげに超越し、どんなに複雑な人生の縺れにも動じることなく誇らしげに解決の糸口を見つけ出し、崇高な詩的情景に釣り合いをもたらす。彼らの意図によってこそ、きわめて繊細な優しさと、きわめて英雄的な意志と、きわめて崇高な純真さは、神秘的に配合される。そんな途方もない才能は、必然的に、人々の心に疑問を生じさせる。この驚くべき詩人は、自らの描いた気高い情緒が世の中に実在するものと心から信じているのか？　この詩人の作品にあふれる情緒は、本当に、鋭い知覚のもとで、演繹的思考を経た抽象的理解のもとで、形作られているのか？

それから、美の虜となった人々の生活は平凡な大衆のそれと何が違うのか、という問いかけもあるかもしれない。どのようにして、詩的なこだわりを保ちながら、物質的な欲求を満足させたのか？　どのようにして、あの霊妙な、優美な愛の感情を保ちながら、些細な心配事の数々や、知らぬ間に増殖して詩的な情緒をむしばみ窒息させてしまう精神の黴《かび》から、無事でいられたのか？　どのようにして、花の芳香のごとく頼りない情緒を守り抜き、それらが空気中に霧散してしまうのを防いだのか？　どのようにして、他の誘惑に目移りすることなく、はかない情緒を見つめ続けたのか？　聖なる怒りに震えた詩人らは、本当に、いつも正義を貫いたのか？　高潔性を賛美した詩人らは、いつも中立を守ったのか？　名誉を礼賛した詩人らは、決して身を落とす行ないをしなかったのか？　不屈の精神を愛した詩人らは、一度たりとも、自らの弱さゆえに妥協したことはなかったのか？

また、こういう興味も湧いてくるかもしれない。芸術を通して我々に高貴な感情を確信させてきた詩人らは、この世界において――繊細さや忠誠心や名誉を犠牲にしなければ金銭的利益を得ることのできない世界において――、どのようにして、世間と交わって暮らしてきたのか？　多くの人は言う、その種の高貴な情緒は芸術作品のなかにしか存在しないのだと。冷笑的な人の言葉に説得力をあたえてしまう、悲しむべき、不運な出来事が起こると、彼らは水を得た魚よろしく詩人らのもっとも優雅な着想を貶《おとし》める。

「こんなものは空《むな》しい幻想にすぎない！」

そして、どれほどしつこく、聞こえこそよいが卑怯な偽善に満ちた自身の処世術を自慢することか。どれほど嬉しそうに、言葉と行ないの果てしない不一致について語ることか。心を挫《くじ》くような疑念と闘い、若者らしい熱望と、陰鬱な感情と、幸福感の喪失とのはざまで動揺して不安になっている人々の前で、どれほど残酷な笑みを浮かべて、詩人らの矛盾を列挙することか。

迷える若者たちは、耳触りのよい企てに誘惑されながらも、詩に歌われる高潔な思想を信じて、人生の厳しい変化に向き合っている。崇高な思想をもつはずの詩人らが、繊細な感受性に裏打ちされた深遠な思想と、無垢の美をこよなく愛する精神とに身を捧げているはずの詩人らが、自らの行ないを通して、自らの歌い上げた気高い主題への真摯な崇拝を否定しているのだとしたら――、あるいは、冷淡な人々によってそういった一方的な主張を信じ込まされるのだとしたら――、どれほど深い失望が若者たちを襲うことであろうか。

鮮烈な矛盾は、人々の心に苦しい疑念を生じさせる。詩情を冒瀆することに喜びを見出だす心無い嘲笑者は、「所詮、詩などは幻想にすぎない」と声高に繰り返しながら、人々の苦悩を増幅させることだろう。それでも、たとえ詩人らにいかなる人間的な欠点があろうとも、我々は、彼らの歌い上げた真実を懸命に信じようではないか！　詩というのは、自らの気高い着想を想像力の限界の先にまで果てしなく拡大させ、空に浮かぶ無限の平面に描き出す行為なのである。〈詩と現実〉は、永遠に交わることなく平行線をたどり続ける対立要素などではない。詩人ゲーテもこのことを認めている。彼は同時代の詩人ヴィーラントに捧げた弔辞[1]のなかで、こう述べたのだった。

詩作するときは世に生きる人間として、
世を生きるときは詩人として、
その心のなかには常に人間と詩人とが混ざり合っていた。
（ER LEBTE DICHTEND, UND ER DICHTETE LEBEND）

ゲーテは、彼自身が紛れもない真の詩人であったので、本質をしっかりと見定めていたのである。つまり、永遠の真実のために人間の心臓が気高く脈打つときにだけ、詩は本当の意味で詩となりうるのだと。

我々は以前に述べたことがある――〈天才は自らに特別な義務を課す〉と[2]。そして、冷静で思慮深い人々は、自らを厳しく律する禁欲的な人物へのあこがれのなかに、その〈特別な義務〉を求めようとする。では、その対極ともいえる、心の向くままに行動する情熱的な人々は、いったいどこに自らのよりどころを見出だせばよいだろうか？　単調な日々に満足せず、生まれながらに名誉や喜びを追い求め、いかなる犠牲をもってしても自らの願望を果たす覚悟のある人々は、どのような人物を自らの手本とすればよいだろうか？　こうした人々の気質は既存の権威の言いなりになることを好まず、いとも簡単に先人たちの束縛から抜け出していく。彼らは、枯れ果てた情熱を延命させるためだけに好き勝手なことをしている年配者を批判し、いかさまめいた自説を展開する先輩を糾弾《きゅうだん》し、自然の摂理にまで口出しをする思い上がった老人を弾劾《だんがい》する。

真の情熱をもつ人々は、権威ある年長者に意見を求める代わりに、もっと別のところへ目を向ける。つまり、岩壁の裂け目から湧き出る悲哀の熱泉を飲みながら、それでもひたすらに魂の安息と光明を求めて険しい断崖に挑み続けているような人々にだけ、問いかけるのである。そして、美に対する情熱を忘れて善悪の判断に執着する血の通わない人々の横を、黙って素通りしていく。燃えるような魂をもつ若者には、老人たちの威厳を分析したり、腐敗した年長者の退屈な議論に付き合ったりする暇はないのである。無論、物事の善悪ばかりを気にかける年長者の冷たい瞳にも、ときには秘められた苦悩が浮かび、ときには神秘的な争いや孤独な闘いが窺われるのであるが、そうはいっても、それらを慎重に吟味せよ、などと命じて、熱烈に脈打つ心臓をもつ若い人々を困らせるのは、やはり酷なことであるに違いない。絶えず揺れ動く情熱的な魂というのは、その性質上、〈正義に尽くす人間の静かな純真〉とか〈禁欲的な人間の英雄的な微笑み〉とかいったものを正しく判読できないことがほとんどであるから。燃えるような若者にとっては熱意と感情こそがすべてなのだ。自らの衝動や直観によって結論を導き出そうとする彼らは、長々とした論理的な議論の代わりに、劇的な象徴や、詩的な隠喩や、頬を伝う涙のなかから信念を見つけ出す。だから、若い人が詩人や芸術家に夢中になるとしても少しの不思議もない。自らに象徴や隠喩や情熱をあたえてくれる存在にほかならないのだから！

そして、心から湧き出る情熱に目的のあることを教え、心に響く美に秘密のあることを垣間見せてくれる存在にほかならないのだから！

胸の張り裂けるような出来事に動揺するとき——、激しい苦しみに打ちのめされるとき——、感情と情熱が人生の小舟を転覆させる手に負えない重荷のように感じられて、それらを船外へ投げ出して忘却の深淵《ふち》へ沈めることを迫られるとき——、そして、命の危険を感じる長い苦闘のあとで、とうとう破滅の瞬間が訪れるとき——、そうしたとき、我々は、気高い熱情を発揮して同様の難局を切り抜けたであろう、輝かしい亡霊たちのことを思い出さずにはいられない。彼らの意気込みがどれだけ偽りのないものであったのか、また、どれだけ長い間その生命力と志を保ち続けていたのか、尋ねずにはいられない。そして、詩人らが描き出した雄大な感情のうち、どれだけがただ心を慰めるために付け加えられた単なる空想にすぎず、どれだけが彼らの日常生活によって実際に裏付けられていたのか、思案せずにはいられない。すると決まって中傷が顔を出し、執拗に欠点や怠慢や失態をあげつらい、詩人らを貶める。連中は餌を求めて這い回り、詩人らの評価を歪めるような事実だけをかき集め、さも当然の権利であるかのように、彼らの霊感を軽蔑し、空虚な満足感のためだけにその正当性を否定し、詩的な着想が人々の行動や決意、あるいは賛同や抵抗に影響を及ぼすことはないのだと断言する。

中傷によって歴史を選別するほど愚かなことはない。良質な実がことごとく棄《す》てられる一方で、毒麦ばかりが大事そうに拾われ、その邪悪な種は誠実な願いと高貴な夢に満ちた輝かしい記憶の世界へと播《ま》きつけられる。そして、勝ち誇った皮肉の表情を浮かべて、こう尋ねてくるはずだ。

「飢えと渇きしか生み出さないこの穀物に、何の値打ちがある？」

「惨めな感情を育むだけの空虚な言葉に、何の価値がある？」

「毒麦しか生えていない場所を散策することに、何の実益がある？」

「薄汚い自惚れと利己主義を華々しいヴェールで覆っただけの打算的な情緒と情熱に、どんな重要性がありうるというのだ？」


この種の中傷にふける人間は、どこまでも傲慢な薄笑いを浮かべながら、詩人たちの気高い思想とその実際の行ないとの矛盾を数え上げる。あるいは、芸術家たちの崇高な作品とその軽率な言動との矛盾を責め立てる。芸術家の純真な魂が長い苦しみの末にたどり着いた美の境地に対して、彼らを殻にこもって誘惑を避け続ける軟弱な甲殻類のように見下して自らの優越を決め込むなど、不遜の極みである！　外的な誘惑よりも自らの意志を信じて生きた人々の誇りに対して、「大衆以上に、物質的豊かさや虚栄心や目先の快楽に溺れていた」などと結論付けるのは、傲慢の極みである！　溌剌とした感情、情熱的な印象、研ぎ澄まされた知性、想像をめぐらせる気質――。そうした芸術的資質を、なんとかして高潔な生活に結び付けようと、なんとかして詩的理想に忠実な生活態度に繋ぎ止めようと、必死にもがき続けた人々が経験したであろう戸惑いや疑念や嫌悪に比べたら、皮肉家の手にする勝利など、なんと幼稚なことか！

しかしながら、やはり、女神《ムーサ》によって授けられたはずの着想に詩人らが自ら背き、守護天使によって教えられたはずの術を――生活を詩的な美の極致へと高める術を――自ら手放したのだと確信させるような事実を突きつけられると、人は深い悲しみを感じずにはいられない。天才たちのぎこちない足取りを追ううちに、どんな破滅的な疑念が、どんな深い失望が、どんな鬱々とした確信が、人々の心に生じてしまうことだろう。だが、だからといって、そうした詩人の過ちに対して、愚劣な悪行や軽蔑すべき罪を犯した恥知らずな人間に向けられるようなひどい呪いの言葉を浴びせるのは、明らかに度を越している。そのような所業は神聖な美への冒涜といってよい。もし、ある詩人の言動のいくつかが彼の歌い上げた詩の精神を否定することになったとしても、見方を変えれば、そうした言動の方こそ彼の生み出した詩によって一層強く否定されているといえるのではないか？　雄弁な詩のなかに盛り込まれた創造的美徳の結晶は、その作者の私生活の欠点を単に減殺するばかりではなく、それらを補ってもはるかに余りあるものといえるのではないか？　悪が伝染するならば、善もまた伝染する――それも、一段と強力に。たしかに個人的な実益のために内なる信念を曲げることもあるかもしれないが、その瞬間にも詩人は気高い自責の念にさいなまれている。そして、そうした感情が彼の作品を通して人々の心に伝播するときには、彼個人の言動とは比較にもならない広範な影響が生み出されるのだ。芸術作品によって安らぎをあたえられ、慰められ、勇気づけられる魂の数よりも、芸術家の私生活の過ちによって気分を害される魂の数の方が多いなどというのは、恥ずべき妄言以外の何物でもない。

　芸術というのは、芸術家よりもはるかに強力である。それ自体が一個の生命として、〈永遠不変の美〉の啓示として、創作者の頼りない意志から独立する。創作者の肉体が滅びようとも、世代から世代へと受け継がれていく。だからこそ、我々は信じることができるのだ。たとえ才能ある創作者の生活に愚かなところがあったとしても、それらは彼自身の芸術作品からあまねく生み出される天の恵みによって、実質的に贖《あがな》われるに違いない、と。たしかに、自身の感受性と熱意に素晴らしい衣を着せて永遠の生命をあたえた芸術家の多くが、その一方で、崇高な熱意のために苦しみ、敏感な感受性のために傷付いたかもしれない。しかし、それでも彼らはあきらめず、意志を保ち、芸術の創作によって気高き道を追求するために、自らを鼓舞し続けたのである。だから、寛大な気持ちのない人には芸術家の過去を論評する資格もない。行動にいちいち釈明を求めるのは不当であるし、我々としても、偉大な作品への称賛や畏敬の代わりに、些細な失敗への弁護や擁護を強いられるのは悲しいことである。

それだけに、我々はショパンという芸術家の生涯を回想するときには、嬉しく誇らしい気持ちにならずにはいられない。その生涯においては、見苦しい軋轢《あつれき》も、赦しを乞うべき矛盾も、信念の弱さを露見させる失態も、〈変人〉の汚名を着せられる異常性も、まったく姿を現さないのだから。我々が目にするものは、尊敬せずにはいられないほどの〈厳しい自己規律〉、理想と良心を守りながら真摯に追及された〈魂の高まり〉、そして、無感情な人間でなくとも誘惑や幻影を振り払えることの〈完全な証明〉である。そのような人物を友として回想できるというのは、なんと甘美で栄誉なことであろうか。ショパンの人生についての記憶——格別に愛おしく、格別に尊敬すべき記憶——は、疑いの余地なく、今後も語り継がれていくことだろう。そして、生前に彼と付き合いのあった友人や芸術家はもちろん、その詩的な音楽に触れて彼を敬愛することとなる未来の人々や、彼の生き方に感動してそれにならうこととなる後世の芸術家にとっても、大切で、忘れがたきものとなるに違いない。

性格と態度

ショパンの性格には数えきれないほどの多様な陰翳が見られたが、そのすべてにおいて、動機はきわめて優れた良心に支えられ、衝動はきわめて繊細な愛情に裏打ちされていた。しかも、奇抜や酔狂や突然の気まぐれには一度として結び付くことがなかった。燃えるような想像力と荒れ狂うような感情を宿していながら、その肉体はかよわく、過敏で、病気がちだった。この自己矛盾ははかり知れないほどの苦悩を生んだはずであるが、彼は決してその苦しみを顔に出そうとはせず、心の内側に隠し続けた。不遜なあきらめの産物である穏やかな態度によって周りの人々の目をあざむきながら、生涯、その苦痛を隠し通したのである。

ショパンの繊細な心と肉体は、女性《にょしょう》のごとく、誰にも打ち明けることなく苦しみに耐え続けた。だから彼の運命には、どこか、女の運命に見られるような暗い色相が感じられた。彼は刺激的な社交の舞台からも遠ざかっていった。健康を崩しがちであったために、雀蜂《すずめばち》に囲まれた蜜蜂《みつばち》さながら無駄に体力をすり減らすのを嫌って、世間の喧騒から離れ、ひそやかに自己と向き合うことを選んだのである。たしかに多くの困難に見舞われはしたものの、この賢明な判断のおかげで、ショパンは冒険や厄介事や奇妙な事件に振り回されることなく単純な日々を送ることができた。それゆえ、自らの感情と印象こそが彼にとっての事件となった――内的な出来事の方が、外的な社会生活における出来事よりもよほど重要に思えたのだ。彼はいつも規則正しく熱心に生徒を指導し、家庭的な日々の仕事もしっかりと誠実に処理した。

ショパンは献身的な姿勢で自らの作品に魂を注ぎ込み、敬虔な信者が創造主との霊的な交わりのなかで打ち明けるような心の情熱を――あるいは内に秘めた悲しみを――表現した。そして、音楽という言語を通して、忠実な信徒がひざまずいて祈るときにだけ口にする感情を――〈情熱と悲哀の神秘〉という、言葉に表しえない奇跡を――告白した。

ショパンの人生に変わった出来事が見られないのは、人生の紆余曲折を避けて無用な物事から逃れるために、そして生活の秩序を保ち続けるために、彼が多大な注意を払ってきたからである。彼の姿を包む曖昧な輪郭線は、我々が手を伸ばして指先でなぞろうとすると、神秘的な雲のごとく、たちまち消えてしまう。彼はどんな運動にも加わらず、どんな事件とも揉め事とも人目を引く結末とも一切関係をもたず、誰の人生に対しても決定的な影響を及ぼさなかった。ただの一度も、自らの意志のために他人の願望を邪魔だてしたり、他者の魂を縛りつけたり、踏み台にしたりはしなかった。そして、いかなる場面においても、他人の心を虐げたり、他者の運命を身勝手に左右したりはしなかった。

ショパンは何一つ求めることがなかった。彼にとっては、要求という行為自体、軽蔑すべきものだったのかもしれない。きっと彼もまた、タッソーのように、こう口にしたことだろう。

あこがれは多く、希望は少なく、要求はない。
（BRAMA ASSAI, POCO SPERA, NULLA CHIEDE.）

この慎ましい美徳を貫いたことで、ショパンは自らに影響をあたえて騒々しい世界へと引きずり込むような厄介な人間関係や感情から逃れることができた。だが、すべてを差し出す用意のあった彼も、自分の魂を擲《なげう》つことだけは決してしなかった。ことによると、彼は見定めていたのかもしれない。自らが真に吸収し、理解し、分け合うべきものは、一途な献身と無限の愛だけなのだと。そして、他の燃えるような野心をもつ人々と同様、ショパンもまた悟ったのであろう。愛と友情は、それがすべてでないならば、ないも同じである、と。あるいは、彼にしてみれば、その一切を得られないものを受け取ってしまうくらいなら、いっそのことすべてを放棄して、ただ自らの究極の理想のためだけに身を捧げている方がよいと思えたのかもしれない。もっとも、彼は愛や友情について何かを語ろうとはしなかったから、こうした説の真偽を知る人はいないのであるが。世の中には我々のあたえうる以上のことを要求してくる厚かましい人々がいるが、ショパンはそうした人々とは違って、他人に無理を強いることがなかった。彼の本心は――彼の魂が日常生活から抜け出して立て籠もった殻の内側は――もっとも親しい友人でさえ測りかねた。いや、それどころか、実に巧妙に隠されていたために、ほとんどの人はそんな殻の存在には気付かずじまいであった。

ショパンは、人との付き合いにおいては、相手がどのような分野に興味をもっているのかを見抜こうとした。そして、相手に関する事柄から話がそれて自分の方へ向けられることのないように、注意深く相槌をうった。彼は他人のために多くの時間を割くことはしなかったとしても、割いた時間については惜しみなく差し出した。誰一人として、彼の夢や願望について尋ねる者はいなかった。誰一人として、彼のため息の理由について、あるいは、彼の願望（つまり、もしその白い先細の指先が心の奥にある魔法の竪琴《リラ》に届いて、その黄金の弦を自在に奏でることができたならば、そのとき何を望むのか）について、知りたそうにする者はいなかった。要するに、誰一人として、彼の前ではそんなことを考えている余裕がなかったのである――彼に促されるままに自分のことだけを話し続けていたのだから。深い議論になりかけると、ショパンはためらって後ずさりした。彼はどんな話題に対しても軽く受け流すばかりで、もし多少の時間を割いて誰かと話をするようなことがあっても、ほとんどの場合、日々のありきたりな出来事とかについて話すだけだった。それだけ注意深く、話題が自分に向けられるのを避けていたのである。

彼の個性が人々から好奇の眼差しで見られたり、しつこい詮索の標的にされたりすることはほとんどなかった。皆、彼と会って話をするだけですっかり満足した。彼の人柄には美しい一貫性があったから、誰もそれ以上の説明を求めなかったのである。その青い瞳に映るのは夢という言葉では足りないような崇高な理想であり、その柔らかい微笑みにしてみても、決して苦痛にゆがむことはなかった。透き通るほどに繊細な美しい顔色や、絹のように滑らかな髪や、わずかに筋の張った鼻、そして何より、その洗練された仕草や、高い教養を感じさせるふるまいのために、彼はいつも、図らずして、人々から王子のごとく扱われていたのだった。彼の身振りは変化に富んでいて上品だった。よく途切れがちな声は曇った響きをしていた。背丈は低く、手足は痩せていた。彼はまるで、淡く美しい色の萼片《がくへん》によって信じられないほどに薄い花びらを支えている昼顔《ひるがお》の花のようだった——その繊維は霧のようにはかなく、指先でそっと触れるだけでたちまち傷付き、花弁を落としてしまいそうだった。

他人に多くを求めない人というのは、それゆえに穏やかな気質をもっていて退屈も苦にしないものであるが、社交界におけるショパンのふるまいにも少なからずそういうところがあった。彼は陽気であることが多かったし、ときには皮肉の才を見せて、物事を真相まで見通し、相手を茶化したりもした。彼の物まねはユーモアに富んでいた。彼自身、有名な演奏家たちのこだわりや技巧を面白おかしく真似するのが好きだったのだが、そのときの身振り手振りや顔つきといったら、それはもう一瞬でその人の人格が伝わるほどに見事なものであった。そのあまりの徹底ぶりに、見ている人はそれがショパンであることを忘れてしまいそうになったくらいである。だが、たとえどんなに見苦しく醜いものを演じても、彼特有の優雅さは決して失われなかったし、どんなに険しい表情をつくっても、彼本来の美しい均整は決して損なわれなかった。そして、そうした楽しい戯れが辛辣な皮肉とならずにすんだのは、彼がしっかりと節度をわきまえて、上品な繊細さを損なわないように細心の注意を払っていたからであった。どんなに親しい間柄の友人に対しても、野暮な言葉や、品のない冗談や、低劣な戯れごとを口にしたことは一度もなかった。

自分に関する話題はかたくなに遠ざけたし、どのようなときにもうっかり本心を漏らしてしまうことのないように注意していたから、相手にはいつも楽しい印象だけが残った。加えて、自分があたえた楽しみの見返りを求めることも、陽気な会話のあとに暗い表情や物悲しい態度を垣間見せることもなかったので、ショパンは多くの人に好かれた。彼らは意外に思ったかもしれない。本来、〈甘美な楽しみには苦難が伴う〉（UBI MEL, IBI FEL）というのが、多感な人間と付き合ううえでの心構えなのだから。実際、大部分の人々は、自らが陰鬱な雰囲気のなかに引き込まれるのを嫌って、〈多感な人間〉との付き合いを避けている。もっとも、その場に生じる物悲しい情緒に対して尊敬の念を抱いていることもまた真実であり、多感で気まぐれな心にどこか得体の知れない魅力を感じているからこそ、彼らは、それと直接に向き合うのを避けながらも、しっかりそのことを話題にしては喜んでいるのだが。とにかく、ショパンはどこへ行っても歓迎された。それは彼がどんな物事にもはっきりと興味を示したからなのだが、一方で、彼はたしかに自らの人格や個性を退避させて、誰にも近付かれず、誰も近付くことのできない安全な場所に隠し、指先をかけることさえできないほど完璧に磨き上げたガラスの壁で閉ざしていた。

きわめて珍しいことではあったが、ショパンも何度かはひどく興奮した姿を見せた。顔の血色は悪く、肌はほとんど死人のように蒼白になった。だが、そんな激しい感情に襲われた際にも、見苦しく取り乱してしまうことはなく、すぐに元通りになって、自らの感じた印象をうまく覆い隠すことができた。だから、裏を返せば、その後のふるまいがどれほど自然に見えたとしても、そこには一瞬の

〈意志の反射〉が——つまり、悶え苦しむ虚弱な肉体のうえで繰り広げられる感情と善悪との奇妙な争いによって生じた、一瞬の反射的な衝動が——あったかもしれなかった。彼がその生来の荒れ狂う性格を必死に抑えつけている様子を見ると、完全な自己統制と孤立に光明を求める人々特有の〈影のある陰鬱な力〉を感じないわけにはいかなかった。彼もまた、激しい憤りや苛立ちが何の役にも立たないことを諒解しながら、しかし情熱の神秘をむやみに裏切るべきではないと強弁する魂とのはざまで苦しめられたのだと思う。彼はきわめて寛大に他人を許すことができた。自らを傷付けた人々への恨みはほどなく心から消えていった。たとえその傷がどれだけ深く魂に突き刺さり、永遠に癒えない鈍い痛みと苦しみを沸き返らせたとしても。彼の痛ましいほどに鋭い感受性のことを考えに入れれば、自身の情緒を、〈現実としてどうなのか〉という妥協にではなく、〈理想としてどうあるべきか〉という信念に従わせることができたのは、絶え間ない努力の産物に違いなかった。彼は単純な善意によって生じた気配りに深く感謝を示した。他方、彼を喜ばせようとあれこれ算段した挙句の気遣いは必ずしも実を結ばず、むしろ、彼の鋭いながらもひた隠しにされた感受性を見落として、知らぬ間に傷付けていることも多かった。

そうした下手な誤解によって加えられた傷こそ、神経質な人にとっては何より耐え難い代物である。過敏な人々は、必死に苛立ちを抑えようとすればするほど、かえって興奮が高まり、食い入るような不満感にさいなまれてしまう。しかも、その苦悩の真の原因は決して突き止めることができないのだ（必ず何かしら原因があるはずなのに！）。しかし、ショパンにとっては、自らが信じる作法を放棄して怒りを発散させるなどという誘惑はまったく論外であったので（きっと、そんな選択肢があると考えたことすらなかっただろう）、自分自身よりも精力的で、それゆえ無骨で厚かましい人々の前でも、彼らとの交流によって生じる不快感を――あるいは、より強い言葉ではあるが、嫌悪感を――決して表情に出さなかった。

感情的になりやすい話題を向けられたときにも、ショパンは持ち前の冷静さを貫いた。彼の感情は、行動としてではなく、常に行動の抑制として表れた。彼の愛国心にしても、卓越した才能の使い方や、友人の選び方、特定の弟子たちへの厚遇、あるいは同郷の人々への親切な気遣いといった形で窺われることはあっても、彼自身の口から嬉しそうに語られたことはなかったように思う。時々、政治の事柄について話すこともあったが（フランスではこの種の話題がいつも熱烈に議論されている）、たいていの場合は、自説を展開することもなく、ただ他人の意見の危険なところや間違っているところを指摘するくらいにとどめていた。また、きわめて著名な政治家の何人かとも日常的に付き合いがあったが、彼らの政治的利害に巻き込まれることもなく、器用にふるまって、純粋に個人的な関係だけを築いていた。

ショパンが民主主義革命に共感しなかったのは、その個々の断片があまりに雑多で、落ち着きがなく、残忍野蛮なものとして感じられたからであった。一般大衆の話し合いに社会とか政治とかの議題が出てくるのを見ると、二〇年以上まえのあのとき(3)のような、節度を知らない野蛮人の行進を見ている気がした。そして、その都度、彼は恐怖を感じて心を痛めることとなった。

ショパンは、西ローマ帝国が今度もアッティラ(4)の蛮族に滅ぼされるのだと絶望しながら、芸術文化が――そして、その優雅きわまる偉業の数々が――無残に破壊されることを恐れていた。一口に言えば、かのホラティウス[5]のいう〈怠惰なくつろぎ〉によってしか培われないある種の優雅さが、現代の文明から消えてしまうことを危惧していたのである。優雅な生活様式や高尚な芸術文化は、本当に、荒々しい野蛮人の手から無事でいられるのだろうか――？　彼はいつも一歩離れた場所から事の成り行きを眺めて、しばしば、その鋭い洞察力によって（ほとんどの人はそれに気付かなかったが）、もっとも事情をよく知る人でさえ予期できないような物事を見通してしまった。しかし、そうした直観が不意に口をついて出ることがあっても、彼は決してそれ以上のことを述べなかった。だから、彼の短い予言は、誰の興味も引かぬままに、やがて現実のものとなっていった。ショパンはその鋭い嗅覚によって、早い時期に確信していたのだ。政治の演説も、神学の議論も、脇道にそれた哲学も、その大部分はまったくもって空虚なものにすぎない、と。だからこそ、彼は若くして、かの〈分別の人〉の金言を実行に移し始めたのである。

「諸君も将来、私のように悟ることとなろうが、」互いの意見を論破しようと必死になっている若者たちに向けて、ノアイユ公爵[6]は言った、「何事においても、何人《なんぴと》に対しても、表明すべき意見などありはしない。」

　公爵が齢を重ねるうちに悟ったこの悲観的な言葉は、何度も我々の耳に響き、我々に未熟な衝動を恥じさせ、我々に憂鬱な真理を痛感させていくこととなる――。

　ショパンは、心から神を信じ、カトリックの教義に敬虔であったが、そのことについては何も語ろうとせず、ただ静かに信念を貫いた。長い付き合いの友人に対してさえ、自らの信仰的見解をはっきりと述べることはなかった。もしかすると、音楽以外の物事にわずらわされるのを嫌って、自らにこう言い聞かせていたのかもしれない。

世界は自ずと廻《まわ》る。

(IL MONDO VA DA SE.)

熱く興奮させるような長い論争が繰り広げられている部屋で、ショパンがそれに加わらずに静かに黙り込んでいるところを、我々は幾度も見た。話者らは白熱する討論に夢中になって彼の存在を忘れているらしかったが、そうしたとき、我々はしばしば彼らの論理の筋道をたどるのをやめて、ショパンの様子を観察したものだった。その部屋では、我々の存在に関わるきわめて重要な事柄が、いかにも熱心に、すべての運命をかけているかのように話されていたが、彼はほとんど視界にも入らないほどに萎縮してしまっていた。その姿は、大しけの海で巨大な波に揺さぶられる船客のようであった。遠い祖国を思いながら、ただ茫然と、水平線や、星や、水夫の奮闘を見つめている船客――。彼にはロープをつかむ腕力も、はためく帆をたぐり寄せる気力もなく、水夫らの致命的な失敗を静かに数え上げることしかできないのだ――。

それでも、一つだけ、彼にかたくなな沈黙を破らせ、後生大事にしている中立性をも放棄させてしまう論題が存在した。彼は、〈芸術〉という論題に関してだけは、遠慮や慎みをかなぐり捨てて、自らの意見をはっきりと述べることに少しのためらいも見せなかった。しかも、自らの考えを隅々まで伝えきるためなら、どんな労力も惜しまなかった。自分には一人の優れた芸術家として意見を述べる正当な権利があるのだという強い自負があったのかもしれない。天性の能力に裏打ちされた彼の芸術観は、わずかな疑問の余地さえ残さなかった。一時期の彼の主張にはたしかに燃えるような迫力があったのである。もっとも、後年になると、自分の意見が認められるにつれて社会的役割への興味も失われていき、特定の運動の指導者になったり旗手になったりしようとは思わなくなってしまった。それでも、ただ一度だけは、仲間の論争に加わって、普段ならまず口に出さないであろう、独善的で、頑固で、融通の利かない意見を強弁したことがあったが。

ロマン主義論争と信念

ショパンがパリに来て間もない一八三二年、文学と音楽を総合する新たな一派が誕生し、一人の若き天才が当時の芸術家たちを〈旧世代の掟〉という軛から救い出した。[7] 言い換えれば、七月革命をきっかけに生じた政治的興奮は、芸術と文学にもいくつかの巨大な問いを投げかけたのである。その問いこそ、ロマン主義にほかならなかった。ある人々はこれをかたくなに批判し、別の人々は激賞した。この両者の間に、休戦協定など成立するべくもなかった。一方は、既存の芸術様式の枠に収まる手法しか認めようとしなかった。他方は、感情がその時々に異なる陰翳を帯びる以上、異なる表現の形が求められるのは自明のことと考えて、まったく異なる主張を展開した。つまり、自らの芸術的観念の表現に必要な様式を主体的に選び取ることは芸術家に認められるべき自由であり、表現される感情と選ばれた様式との間に合意が成立する限りは、何人《なんぴと》もそれを制限するべきでない、と。前者の人々は、絶対的な美を表現するにあたっては〈永遠不変の掟〉が実在するに違いないと固く信じていた。ところが彼らは、過去の巨匠たちが芸術の最高境地に達して究極の理想を形作ったことを認めながらも、その後継であるはずの芸術家の作品に対しては〈先人の手本を真似てどの程度それに近付けたか〉という陳腐な基準によってしか価値を測ろうとしなかった。このやり方は巨匠に肩を並べようという若い芸術家の希望を打ち砕いた――完成的事業はどうあがいても創造的事業には及ばないものだから。後者の人々は、反対に、美という無形の概念が固定的かつ絶対的な形式をもつことなどありえないと強調した。これまで芸術の歴史に登場してきた様々な表現様式は、彼らにしてみれば、いわば、美の理想への果てしない旅の途中に設営されたテントのようなものだった。そして、過去の天才たちが作った一時的な寄宿場所に定住することなく、さらに先を目指して進んでいくことこそが、後続の芸術家に課せられた使命であると、彼らは確信していた。前者の人々は、異なる時代や気質のもとで生み出された多様な創作物を、すべて同じ方形の額縁に入れて飾ることを夢見ていた。後者の人々は、表現に必要な芸術様式を自ら作り出す自由を、そして、形式と情緒の直接的な関係から必然的に生じる〈芸術様式は表現される感情に適したものであるべき〉という大原則以外のいかなる掟にも拘束されない自由を、すべての芸術家のために宣言した。[8]

既存の手本がどれほど称賛に値するものだとしても、それらが、芸術が題材としうるすべての感情を内包し、芸術が活用しうるすべての形式を網羅しているなどと考えるのは、かなり無理がある。過去の巨匠は単なる形式美などのために卓越した芸術様式を作り出したのではない。むしろ、その芸術的着想を隅々まで表現するために、行きがかり上、気高い感情を窒息させかねない諸々の形式上の欠陥――純真な着想の光明を遮る不透明なヴェールのようなもの――を改める必要が生じて、その結果として芸術様式が洗練されていったと見る方が正しい。こうした過程を経てこそ、巨匠たちは、単なる貿易商人向けの工芸品作りにすぎなかった分野を、詩情に満ちた精神世界へと高めることができたのである。彼らは、その才能と忍耐力にかけて、自らの着想が求める新たな芸術様式を切り拓いた。また、自由な着想を〈プロクルーステスの寝台〉[9]にかけようとする人々を非難した。そして、まえもって確定された形式では表現できないような未知の感情が生じうることを力説し、新たな形式をまとうべき新たな着想が芸術の世界から締め出されてしまうことを防いできたのである。着想と芸術様式――このどちらも、人間の魂の自然な進歩によって、道具の自然な改良によって、そして、その結果として生じる物質的表現手段の自然な拡大によって、自然と、生じてくるものなのである。

さて、新時代の天才の焔が、古い、時代遅れの、崩れかかった骸《むくろ》の山を焼き尽くすのを目にした人々は、その新たな楽派に加わった。この一派を率いた人こそ、きわめて華麗かつ大胆不敵な表現によって人々を圧倒した、かの最高の才能、エクトル・ベルリオーズであった。ショパンもこの一味に属した。ショパンは、既存の規範への盲目的な追従に対して強固に異を唱え、しかも、古い悪癖を新しい悪癖に置き換えただけのいかさま芸術に対してもまったく容赦をしなかった。

このロマン主義論争が繰り広げられた時期にはいくつかの素晴らしい試みが発表されたが、ショパンの愛好と嫌悪の対象は一向に変わることがなかった。あまり進歩的でないように思える芸術家や、進歩のために真摯に身を捧げているように見えない人々（つまり、芸術を金銭的利益のための商品にする人や、大衆を驚かせることで安易な成功を得ようとする人）には、少しの譲歩もしなかった。たとえ尊敬の念から結んだ絆であっても、それが自らを束縛したり、堕落した領域への道連れを目論んだりするのを感じ取ると、この絆を躊躇《ちゅうちょ》なく断ち切った。他方では、若い芸術家に対しても、その人が、特定の要素だけをやたらと強調して、身の丈に合わない名声を勝ち得たような人である場合には、絆を結ぶことをかたくなに拒んだ。ショパンは、真に芸術を追求しているように思えない試みや、芸術という高貴な仕事にふさわしくない試みに対しては、少しのお世辞も言わなかった。彼は別に、どこかの一派から褒められたり、どこかの一派から戦略的な意味合いで援助されたり、あるいは、どこかの一派の領袖《りょうしゅう》から直々に特権的な立場をあたえられたりとか、そういうことに興味があるわけではなかった。実際、芸術の異なる流派の間に、嫉妬や、侵略や、凋落や、侵害が渦巻いていた当時には、一種の〈外交手段〉として、多くの協定や、契約や、条約が結ばれていたのだが（無論、あらゆる狡猾な駆け引きとともに）。ショパンはそうした集団からのうわべだけの援助を拒み、代わりに、彼らに明かしたのだった。手近な名声には何ら執着していないことを。そして、やがては、自らの作品がその美しさ自体によって正しく評価される日が訪れると、固く信じていることを。

我々は、当時、一寸先も見えない闘争のなかでもがき苦しみ、天才的な対抗者ではなく渋面をした賢人気取りばかりが現れることに辟易《へきえき》していたが、それでも勇気を失わずにいられたのは、ショパンが黙って信念を貫く姿を見たからだった。類を見ないほどの不動の意志に支えられ、いかなる疲労や策略によっても揺るがすことのできない、彼のきわめて強固な意見は、大いに我々を助けてくれた。そして、一つの芸術的理想を見事に体現した、彼の称賛すべき作品は、大いに我々の運動を救ってくれた。

ショパンは、素晴らしい魅力と、慎みと、知識を、大胆な革新のなかに調和させ、瞬く間に称賛を巻き起こした。彼は自らの才能に対して抱いていた確信を完全に証明して見せたのである。暗中模索の日々や、過剰な栄光をあたえられる瞬間には、自らの美点を見失いそうになるものだが（これは新潮流を標榜したいくつかの派閥において実際に起こったことだ）、彼の場合には、それまでの堅実な勉強が、若き日に身に付けた思慮深い習慣が、そして、恩師から受け継いだ古典音楽への崇拝が、常に信頼できる道しるべとなった。ショパンがその作品に緻密な仕上げをほどこすときに見せた学問的な忍耐力は、彼を心無い中傷から守り、また、安直なうえに何の意味もない勝利を求めて音楽家の不注意から生じた手抜かりや過失に食らいつく批評家連中の毒牙からも無事でいさせた。彼は古典的規則を早くから教え込まれていたから、その掟に手足を縛られたままでも、十分に美しい作品を生み出すことができた。だから、規則に背くことがあるとすれば、それは正当な理由と然るべき熟考を重ねたうえでのことだった。誇張にのめり込んだり、妥協の誘惑に駆られたりすることもなかった。ただひたすらに、自身の美徳を守って、進歩を続けた。理論一辺倒にも陥ることなく、柔軟に理想の響きを追求した。そして、対抗する派閥を言葉で打ち負かすことよりも、自分の納得のいく完璧な作品を生み出すことに集中したので、幸い、個人的な敵を作ったり、わずらわしい諍《いさか》いに巻き込まれたりすることもなかった。

ショパンは芸術に対して中世の大芸術家に見られるような敬虔な信仰心をもっていたが、その表現の仕方という点では、彼らよりも簡素で、近代的で、冷静であった。中世の巨匠らと同様に、ショパンにとっては、芸術は自らの神聖な天職だった。彼は、先人たちのように、天からあたえられた才能を誇りに思って、これに敬虔に身を捧げることで感謝を示した。この感情は、彼が死の間際にとった行動——ポーランド人の風習と関係の深い行動——にも表れていた。一部のポーランド人は、今でも昔の風習を守って、自分が埋葬される際の装束をあらかじめ選んでおくという。しかも、全盛であった頃には、まだ若いうちからこの〈死の装束〉が用意されることも珍しくはなかった。* ポーランド人はこの風習によって最後の願いを表し、心の奥底にある感情を示してきた。一般の人々が修道服を選ぶこともしばしばであったし、ほかにも、輝かしい瞬間を懐かしんで軍服に身を包みたがる人や、逆にその痛ましい記憶のために敬遠する人など、様々であった。そして、ショパンはというと、彼は現代最高の音楽家の一人でありながら誰よりも演奏会に出ることの少なかった人であるが、それにもかかわらず、自身がそうした数少ない演奏会でまとった衣裳を着て葬られることを、切に望んだのである。

キリスト教徒としての義務をしっかりと果たし終えて、天上に持ち込めぬものをすべて地上に置き残していくそのときに、彼の口から伝えられたこの遺言は、紛れもなく、彼の尽きることのない芸術の泉から湧き出たありのままの感情であった。ショパンは、死の忍び寄るはるか以前から、芸術に対して永遠の愛と信仰を誓ってきた。そして、死後の長い眠りに備えて衣服を選ぶことによって、いかにも彼らしい無言の象徴を示し、自らが全生涯をかけて守り抜いてきた信念に最後の感動的な証明をあたえたのだった。彼は最後まで自己に忠実に、芸術という偉大な神秘に——崇高な啓示に——深い愛を捧げながら、世を去った。

人付き合いとポーランド語

社会の喧騒から離れたあとは、ショパンはもっぱら、自らの家族や若い頃からの知人との付き合いに気遣いと愛情を傾けていた。常に最大限の気配りをしてこの関係を保ち続け、彼らとの親密な交流を一度も絶やさなかった。なかでも、姉のルドヴィカ[10]は特別だった。二人は精神や情緒の面でよく似

＊我々は、ポーランドを訪れたときに、ヴォルイーニ地方に住むクロピンスキ将軍と面会した。クロピンスキ将軍は小説『ジュリーとアドルフ』の作者として名高い人で、当時すでに八〇歳近くになっていたが、彼もまた、この〈死の装束〉の風習に従って、自分のための棺《ひつぎ》を作らせ、それを三〇年以上も寝室の戸の横に置き続けていたのだった。

ていたこともあって、強い絆で結ばれていた。ルドヴィカは、彼と会うために、よくワルシャワからパリへやってきた。最愛の弟が生きた最後の期間にも、三か月にわたって、ずっと彼に寄り添って不滅の愛を注いだ。

ところで、ショパンは自らの家族とだけ定期的に文通をした。不思議なこだわりから、家族以外の人に手紙を書こうとしなかったのだ（このこだわりがあまりにかたくななものだったので、きっとどこかでそういう誓いを立てたのだろうと、周囲の人たちは勘繰ったものだった）。ほんの少しの文章を書きたくないがために、ありとあらゆる手段を講ずるのを見ていると、我々には奇妙な感じがしたものである。実際、幾度となく、彼はパリの街中を端から端へと行ったり来たりしていた――それも、晩餐会の誘いを断るとか、ちょっとした近況を伝えるとか、そういう数行の手紙を書くだけで足りるようなことのために。そんな調子だから、友人のほとんどはショパンの筆跡を見たことがなかった。だが、彼は時々、この習慣を離れて、祖国の美しい婦人たちのために手紙を書いていたようである。事実、そのうちの何人かは、彼がポーランド語でしたためた手紙を今も大切に保管している。おそらく、彼が珍しく自身の規律に背いてみせたのは、それだけ祖国の言葉を使う喜びが大きかったからなのだろう。

彼は自国の人と話すときには常にポーランド語を使っていたし、ときには表現豊かなポーランド語の文章を楽しそうに翻訳することもあった。彼は、スラヴ人の多くがそうであるように、フランス語にも精通していた。フランス系の家系に生まれたこともあって、特に丁寧に教え込まれたようである。だが、彼はフランス語が好きでなかった。響きに十分な広がりがなく、どこか冷たい感じがしたのである。これは、実のところ、ほとんどのポーランド人がフランス語に対して抱いている印象なのだ。彼らは、フランス語を（しばしば自国語にも増して）流暢に操り、仲間と話すときにも頻繁に使っているのだが、しばしば、ポーランド語を話さない人々に向かって、こう不平をこぼす。ポーランド語のなかにしか、今の気持ちの繊細かつ不安定な陰翳を表す言葉を見つけられない、と。彼らによれば、あるときには重々しさが、あるときには優しさが、あるときには情熱が、フランス語に欠けているらしい。それゆえ、何かポーランド語で述べられた言葉や文章の意味について彼らに尋ねようものなら、決まって次のような答えが返ってくる。

「残念ですが、これは他の言語には置き換えられないのです。」

そして、ちょうど難解な語句に注釈をつけるようなやり方で、その〈他の言語には置き換えられない〉言葉のもつ、独特の色調や、微妙な意味合いや、繊細な陰翳について、説明してくれるのである。

ルドヴィカ

これらの特徴と他のいくつかの事例を合わせて考えると、どうも、このポーランド語という言語には、抽象名詞を扱うのに適した性質があるように思えてならない。きっと、その発展の過程で、天才的な詩人を幾人も生み出しながら、語源の系統や派生語や類義語を複雑かつ適切に使い分けて、言葉にしがたい微妙な概念を言い表す方法を見つけてきたのだろう。つまり彼らは、個々の抽象的な概念にさらに陰翳を重ね合わせることで、ちょうど我々が三度の和音にもう一音を加えて調性をもたせるときのように、長調や短調の響きをあたえることができるのである。この表現の幅の広さのために、ある人は適切な言葉を選び出し、ある人はそれを見つけられずに苦悶する。

　ポーランド国内において外国語がよく使われることを、彼らの怠惰や言語表現の乏しさのせいにするのは間違いである。複雑な言葉選びの規則を覚えるのが面倒なのだろう、などと決めつけるのも不当なことである。実際、この言語のもつ思いがけない深さと独特の気迫は、ありふれた日常の会話には（まったく不可能ではないにしても）きわめて不向きなのだから。曖昧な意味の言葉を使ってうやむやにしようという試みも、この言語の神経質な文法構造のなかでは通用しない。思想自体が低ければ、どうあがいてもこの言語によってそれを飾ることはできないし、加えて、非凡かつ崇高な思想であっても、きわめて正確な言葉選びをもって伝えられなければ、たちまち見苦しい空想のような印象をあたえてしまう。逆に言えば、だからこそポーランド文学は、発表される作品の数が少ないにもかかわらず、他の言語で書かれたもの以上に多くの傑作を生み出し続けているのである。この言語を学び始めた人は、それだけで文学の大家になったような気がするに違いない。

　この言語には美しい調和と音楽的な抑揚が備わっている。もし耳障りな響きがあったとしたら、それは絶対に、子音の数が多いからではなく、子音の組み合わせの術を十分に心得ていないからである。我々は鈍く冷たい色相を帯びた言語をいくつか知っているが、それらは共通して決然とした力強い響きを欠いている。母音のもつ薄く澄んだ色調を効果的に引き立てられず、陰翳や律動や活気を失わせてしまう言語には、常に押韻が不足している。また、聞いていて嫌になるような不格好でとげとげしい言語には、いつも異質な子音の衝突が生じている。

だが、スラヴ系の言語というのは、やたらと多くの子音を扱うにもかかわらず、子音の組み合わせ方が見事であるために、いつも格調高く、耳に心地よい。しかも、その組み合わせに少々難のあるときでも、耳障りに感じられることは滅多にない。彼らの言語の響きは広がりと変化に富んでいる。

ポーランド語もまた、限られた手段のなかに押し込められることをよしとせず、音域や抑揚の範囲を大きく拡張してきた。〈Ł〉（エウ）の音にしてみても、子供の頃から話してきた人でなければ、あのように優艶には発音できない。その音を聞くと、我々は、粗くもしなやかな分厚い羊毛の天鵞絨《ベルベット》に指を触れたときのような印象を受けるのである。このたとえは、個々の文字の発音だけでなく、それらがまとまったときに生じる全体的な効果――心地よい子音の連なりや、流れるような押韻の律動――に対しても当てはまる。

ポーランド語では、多くの言葉が、その意味するものの音に似せて作られている。〈CH〉、〈SZ〉、〈RZ〉、〈CZ〉といった恐ろしげな文字が何度も並んでいても、その響きには少しも野蛮なところがない。これらは実際にはフ、シュ、ジュ、チュというように発音されて、様々な物事の音を真似るうえで大いに役立っている。なかでも、〈音〉を意味する〈DŹWIĘK〉（ヂヴィエンク）という言葉は、その特徴的な例といえる。音叉《おんさ》の音色が耳に残るときの感触をこれほど見事に再現する言葉というのは、探してもそう簡単には見つけられないだろう。複雑に連なる子音は、ときには金属音のように、ときには虫の翅音《はねおと》や、蛇の吐息や、雷鳴のように、多様な響きを生み出していく。そこに多くの母音や複母音が織り交ぜられ、時折、わずかに鼻にかかったような音も聞かせる。たとえば、〈A〉と〈E〉は、セディーユを伴って〈Ą〉と〈Ę〉のように書かれると、オンやエンという発音になる。また、〈C〉（ツェ）はときに〈Ć〉（チ）のようにきわめて柔らかく発音され、〈Ś〉（エシ）にいたってはほとんど鳥のさえずりのようである。また、〈Z〉は三つの音をもっている。〈Ż〉（ジェ）、〈Z〉（ゼ）、〈Ź〉（ジ）。〈Y〉（イ）はくぐもった音の母音としてはたらく。これは、フランス語のどの音にも置き換えられないという点でも、言語を不思議な陰翳で彩るという点でも、〈Ł〉とよく似ている。これらの華麗かつ軽快な要素に親しみながら、ポーランドの婦人たちはあの余韻豊かに歌うような口調を――異国の言葉を話すときにも失われないあの優雅な抑揚を――身に付けていくのである。

そうした朗唱《レチタティーヴォ》や哀歌《ラメント》のあとに深刻なことや憂鬱なことが話されるときには、彼女たちは、なんだか舌たるい子供のような話し方になって、変化に富んだ声を聞かせてくれる。銀鈴を振るような笑い声――不意に口をついて出る感嘆詞――高音にかけられたフェルマータ[11]――。そこから、幾分低い音の旋律へと向かってゆっくりと降りていく、神秘的な、半音と四分音の微分音階[12]――。唐突かつ独特な転調――。それらは特定の鳥の歌に見られる心地よい冗談やかわいらしいからかいと似たものなのだが、そうした愛らしいさえずりに慣れていない人々には驚きとともに受け止められる。

彼女たちは〈ZINZILULER〉[13]（ジンジルレル）を好む。そして、魅力的な変化が、小粋な間合いが、思いがけない抑揚が、このなでるような〈おしゃべり〉のなかで自然と居場所を見つけていくために、女たちの会話は、男たちのそれよりも、はるかに甘く心地よいものとなる。他方、男たちは、その言葉に男性的な格調を帯びさせることを誇りとしていて、その優雅な話しぶりには、ポーランドの輝かしい歴史のなかで培われた、生き生きとした雄弁が顔を出す。ポーランドの詩はなんと恵まれているのだろう！　これらの贅沢かつ多彩な道具箱のなかから、途方もなく多様な韻律と、脚韻と、中間韻を、そして、途方もなく豊富な類韻[14]を、意のままに選んで扱うことができるのだから！　歌い上げられた情緒や情景は、〈音楽的に〉追われることさえ可能となる。つまり、言葉自体の意味や擬音的な性質からはもちろん、朗唱法《デクラメーション》のなかからも、詩人の心へ迫っていけるのである。

　ポーランド語とロシア語の類似性は、ラテン語とイタリア語のそれを思わせる。ロシアの言葉は、実際、ポーランド語と比べても、より甘美で、より余韻豊かで、より心地よく、より物悲しい。その抑揚はきわめて歌曲に適する。ジュコーフスキ[15]やプーシキン[16]の作品のような見事な詩は、明らかに、その詩句の拍子によって一種の旋律を形作っているように思える。たとえば、『黒いショール』や『タリスマン』[17]の詩節のなかには〈アリオーソ[18]〉や〈カンタービレ[19]〉を見つけることができるだろう。

　また、東方正教会で用いられる古代教会スラヴ語には、素晴らしい威厳がある。これは、そこから派生した現代語よりも、喉音《こうおん》が多く、厳格で、単調なのだが、しかし、人々から崇拝され続けてきたビザンツ美術[20]のように、非常に堂々としている。この言語は一度として世俗的な目的のために作り変えられたり、手を加えられたりすることがなかったために、今でも、細部にいたるまで、典礼言語としての特徴をしっかりと保持する。

さて、ショパンは、親戚との付き合いにおいて、いつも細やかな思いやりを見せていた。唯一の文通相手として手紙を交わしただけでなく、パリに住んでいることを活かして、魅力的な美しさや目新しさをもつ珍しい小物やちょっとした贈り物を見つけてきては、何度も彼らに楽しい驚きをあたえたものだった。ワルシャワの友人たちにも、彼らが喜びそうなものを探し出しては、いつも手紙に添えて送っていた。親戚や友人がそうした贈り物を大切に保管して、それらに結び付いた記憶から、時折、彼のことを思い出してくれるのを願っていたのである。彼の方も、友人らから愛情の証が届いたときには、何よりも大事に扱った。

彼らからの便りが届いたり、何か彼らのことを思い出させる代物を見つけたりすると、ショパンの心は喜びに震えた。無論、彼はこの気持ちを誰にも伝えなかったが、行動を見ていれば一目瞭然だった。遠くに住む友人から届いた贈り物はどんなものでも異様なほど大切に保管されていたし、しかも、そのうちのごく平凡なものについても、絶対に他人が使うのを許さなかったのだから。もし誰かの手が触れようものなら、傍目《はため》にもわかるくらいに落ち着きを失ってしまった。

ショパンの生来の優雅さは、精神面だけでなく、物質面にも及んだ。彼の貴族的なふるまいのなかに反映されたことはもちろん、部屋に並べられた家具にも、彼の優雅さが表れていた。彼は情熱的に花を愛していた。当時、パリの名士たちの間で流行っていたような絢爛豪華な内装を目指すことはせず、直観的に、完璧な節度を保つ術を心得ているようだった（これは彼の衣服の選び方にもいえた）。

人生や思想や時間の行く先に他人の思惑が顔を出してくるのを嫌っていた彼は、野心ある紳士よりも、その手のしがらみの少ない婦人との社交を好んだ。あるいは、午後の時間を子供たちとの目隠し遊びにあてたり、ちょっとした小話をしたりして、彼らの銀鈴を振るような若々しい笑い声を聞きながら楽しく過ごすこともあった。

ショパンは田舎での暮らしや別荘での生活を好んだ。少しも退屈せずに次々と楽しみを見出だすことができたし、何より、そうした環境のなかで作曲することも大きな喜びであった。田園生活のなかで生み出された最良の作品の多くには、彼の過ごしたもっとも幸福な日々の記憶が、永遠に保存されているのだろう。

---

(1) 『ヴィーラントの友愛の思い出のために』。
(2) 本書の『パガニーニの死について』を参照されたい。
(3) 一八三〇年の七月革命であろう。一八一五年の王政復古で復活したブルボン朝がふたたび市民によって倒された。
(4) アッティラ(Attila, ca. 406–453)。五世紀頃に東ヨーロッパ周辺で栄えた遊牧民フン族の王。現在のフランスやイタリアにあたる西ローマ帝国に攻め入り、崩壊へ追い込んだ。
(5) クィントゥス・ホラティウス・フラックス(Quintus Horatius Flaccus, 65–8 BC)。古代ローマの詩人。書簡詩『詩論』は、アリストテレスの『詩学』と並んで、後世の文学に大きな影響をあたえた。
(6) ジャン・ドゥ・ノアイユ(Jean de Noailles, 1739–1824)のことか。

（7）この年、ベルリオーズの《抒情的モノドラマ――レリオ、あるいは生への復帰》の初演と《幻想交響曲》の再演が併せて行なわれた。
（8）本書の『音楽家の境遇と社会的身分について（総括）』を参照されたい。
（9）プロクルーステスはギリシア神話に登場する残忍な山賊。親切を装って人々をアジトに連れ込み、鉄の寝台に寝かせると、相手の身体を寝台からはみ出た部分だけ切断し、あるいは寝台に足りない部分だけ無理やり引き伸ばして、拷問にかけたという。転じて、何かを無理やり基準に一致させる行為を意味する。
（10）ルドヴィカ・イェンジェイェヴィチ（Ludwika Jędrzejewicz, 1807–1855）。フレデリック・ショパンの姉。
（11）Fermata. 音や休符を伸ばすことを指す。
（12）半音のさらに半分にあたる音程。
（13）手を尽くして調べたが、この単語をポーランド語のなかに見つけることはできなかった。しかしながら、ラテン語にZINZILULŌ（楽しくおしゃべりする）という語があり、文脈とも矛盾しないので、この意味に沿って訳す。
（14）母音だけの押韻。
（15）ヴァシリー・ジュコーフスキ（Vasily Zhukovsky, 1783–1852）。ロシアの詩人。『リュドミーラ』などの詩を残したほか、翻訳家としても名高い。
（16）アレクサンドル・プーシキン（Alexander Pushkin, 1799–1837）。ロシアの詩人、小説家、劇作家。『エフゲニー・オネーギン』や『大尉の娘』などが有名。
（17）『黒いショール』、『タリスマン』はともにプーシキンの詩。
（18）Arioso. ここでは「旋律的な」部分のこと。
（19）Cantabile. ここでは「歌うような」部分のこと。
（20）東ローマ帝国で発達したイコンやモザイク壁画などを指す。

第六章　ショパンの生い立ち

“Portrait of Chopin.” (1836) by Maria Wodzińska

ワルシャワでの日々

一八一〇年、ショパンはワルシャワ近郊のジェラゾヴァ・ヴォラ(1)に生まれた。若き日のショパンはどういうわけか自分の年齢を覚えておくことができなかったので、思い出す必要のあるときには、いつもある懐中時計の蓋を開けなくてはならなかった。一八二〇年にカタラーニ夫人(2)から贈られたその懐中時計には、次のような銘が刻まれていた。

カタラーニ夫人より、一〇歳のフレデリック・ショパンへ。ワルシャワにて。一八二〇年一月三日。

彼女がこの少年の輝かしい未来を見抜いたのは、ひとえにその芸術家特有の直観によるものといえよう。実際、少年時代のショパンには特別に際立った才能というのは見られず、精神的な成熟の度合いも大人を驚かせるほどではなかったのである。

ただ、彼は子供の頃から病気がちで、家族から絶えず心配されるほどの虚弱な身体をしていた。この境遇こそがショパンに物腰の柔らかさをあたえ、苦悩に耐える力をあたえ、不快な物事を潔く受け入れる力をあたえていったのだと考えてまず間違いない。絶えず過《よぎ》る健康の不安から逃れたい一心で、彼はそれらの優れた資質を早い時期に身に付けたのだろう。とはいえ、幼い時分のショパンはまだその才能の片鱗《へんりん》を示すことも、のちの目覚ましい進歩の兆しを窺わせることもなかったので、当時の大人たちにしてみれば、彼が途方もない精神と才能を備えた芸術家になろうとは思いもしなかったはずである。幼いショパンは、病に苦しみながらも、いつも辛抱強く笑顔を心がけて幸せそうにふるまっていた。不機嫌になったりふさぎ込んだりすることもなかった。周りの友人たちはその態度を見て安心し、彼が少しの隠し事もせずにその胸中をくまなく明かしているものと信じ込んで、ただ喜んでいた。

我々は時折、羊飼いの前に現れる金持ちの旅行者のような人物に出会うことがある。彼は貧しい羊飼いの宿に身を寄せると、彼らにふんだんな贈り物をして、それが実際には富のごく一部でしかないにもかかわらず、素朴な生活を送る羊飼いたちをすっかり仰天させ、幸せな気持ちにさせてしまう。こういう人はたしかに好意や思いやりを湯水のように注ぎあたえるために皆からその気前のよさを喜ばれるのだが、一方で、彼が蓄える途方もない富との比較で考えるならば、とても太っ腹であるとはいいがたく、包み隠した豊満な宝のごく一部しか分けあたえていないというのが実際のところなのである。

幼いショパンを――頑丈ながらも柔らかなゆりかごのごとく――揺さぶり育ててきた環境は、彼の物静かで穏やかな人格を形成するうえでは欠かせないものだった。周囲の人々が見せた清廉素朴で信心深い行ないは、彼の生涯を通じてもっとも親しみ深く愛おしい記憶であり続けた。家庭の美徳、敬虔な信仰心、慈善行為、堅苦しいまでの慎み深さ――。彼は幼少期以来こうしたものに包まれて育ち、その清らかな気風のなかで、豊かな想像力とあの特別な繊細さを――街道の埃にまみれたことのない植物のような感受性を——得ることができた。

彼が音楽の勉強を始めたのは九歳のときだった。それから間もなく、バッハの熱心な信奉者であるジヴヌィ氏[3]のもとに預けられ、ショパンは彼のもとで長年にわたって古典音楽の流儀を学ぶこととなった。だが、ショパンが音楽家として生きていくことを選んだ時点では、彼の眼が名声への甘い夢や空想じみた展望によっていたずらに輝いたり、あるいは彼の家族がそれらに期待をかけたりしたとは考えにくい。むしろ彼は、自分が弟子たちへの指導や熱心な創作活動によって将来大きな名声を得るなどとは夢にも思わないまま、ただ誠実かつ真面目に、熟練した腕利きの教師になろうと勉強していたのである。

ショパンが早い時期にワルシャワ音楽院の門をくぐることができたのは、当時、鋭い審美眼によって献身的な芸術保護活動に取り組んでいた、ポズナン大公国総督アントニ・ラジヴィウ公爵[4]の親切な計らいのためであった。ラジヴィウ公爵は、洗練された知性と卓越した芸術の才能をあわせもち、優れた芸術や天才を見出だすといつも支援を惜しまない人であった。しかも、単に一介の愛好家として音楽を支援するだけにとどまらず、自らも非凡な作曲家として名を残した。ゲーテとの合作である彼のオペラ《ファウスト》[5]は、今でもベルリン声楽協会によって定期的に演奏されているが、その美しい響きを聴けば、天才詩人ゲーテの描いた世界を緻密かつ忠実に再現したこの作品が、戯曲『ファウスト』を音楽の領域へ移し入れようとした幾多の試みのなかでも特に優れたものであると理解されるはずである。

ラジヴィウ公爵はショパン家の財政を助け、完全な音楽教育という計り知れないほどの機会をショパンに授けた。公爵は、個々の芸術家にとって真に必要な支援を見定めることのできる稀有な知性をもつ友人、アントワヌ・コルズホヴスキ氏を通じて、入学から卒業までの間、いつもショパンに年金をあたえ続け、ショパンの方も、この素晴らしい機会を一過程たりとも疎かにはしなかった。それから、ショパンが他界するその日まで、コルズホヴスキ氏はショパンの最愛の友人であり続けた。

今、我々がこの時期のショパンを思い出すうえで、実に的確に彼の性格を描き出した美しい文章を引くことができるのは、とても幸運なことである(6)。実際、真実を伝えると見做されているような文献でも、我々が見ると実はまったく歪んだ記述であったということも多く、そのほとんどでは、彼の人柄は曲解され、偏見に満ちた描き方をされているのだから。

ラジヴィウ公爵

穏やかで、感傷的で、そしてとても愛らしい青年であった一五歳の彼は、その若々しい魅力に加えて、年齢に合わないような落ち着きを感じさせた。彼は身体の面でも精神の面でも繊細であった。たくましい筋肉こそもたなかったが、独特の美しさを備えていて、あえて言うとすれば、年齢も性別も超越した不思議な顔立ちをしていた。酒と狩猟と戦争のために生きた大領主《マグナート》の末裔を思わせる力強さや勇ましさは感じられず、かといって、薔薇色の智天使《ケルビム》のごとき女性美もない。むしろ、中世の詩情ある人々がキリスト教の寺院に描いた一つの理想を見ているような気持ちがする。つまり、アポローン(7)のごとき純然たる姿をして、神聖な悲しみをたたえた威厳ある女のような顔立ちを備え、そして何より、優しさと厳しさが——あるいは純潔と情熱が——併存しているかのような神秘的な表情を浮かべた、あの美しい天使を見ているようなのである。

彼の深みのある人格こそがこの表情をもたらしていた。彼の思考より清く気高いものは存在せず、彼の愛情よりひたむきで迷いなく献身的なものはありえなかった……。しかし、彼は自らと似たものしか理解することができなかった……。それ以外のものはすべて不快な夢のたぐいとしか感じられず、世俗にまみれて暮らしながらも、努めてそれらを遠ざけていた。疎ましい現実から逃れようとして、いつも夢想に暮れていた。彼は、幼い頃、刃物を持てばいつも決まって怪我をしたが、大人になってからは、自分と異なる性質の人間と会うたびにその不条理によって心を痛めたのだった……。

彼は絶え間なく生じる嫌悪の苦しみから逃れるために、意識的にある習慣を身に付けた。自分の気に入らない物事に関して、一切目を向けず、耳も貸さないようになったのである。自分と異なる考え方をする人々は、彼にとっては、目に映るくだらない錯覚も同然であった。しかしながら、彼の物腰が優雅で洗練されたものであったために、人々はその裏に隠された冷たい軽蔑の視線に気付くことなく、それを丁寧な好意と取り違えていった……。

一時間ほど心を開いて打ち明け話をすると、いつも必ず、その行為を悔いるかのように、一季節ほど黙り込んだ。なぜ彼の心がこうした沈黙を求めたのかはわからない。その理由があまりに些細で捉えがたいものであるために、誰一人として肉眼で調べることが叶わなかったのである。彼の魂には友情や愛情の光さえ届いたためしがなく、もはや顕微鏡なしでその心を判読することは不可能であった……。

不思議なことに、このような性格の彼にも友人がいた。それも、〈高潔な母から生まれた高潔な息子〉として彼を尊敬の眼差しで見守っていた母親の知人らだけでなく、同年代の男女とも熱心な友情を交わしていたのである……。

彼はかつて友情に関して高い理想をもっていた。若き幻想の日々に、彼はこう盲信したのだった――似通った環境のもとで育ってきた友人らとの間に、将来、意見の相違が生まれたり、立場の衝突が起こったりすることはありえないだろう、と……。

彼は一見すると愛情豊かで、しかも優れた教養と生まれながらの気品を備えていたため、知人はもちろん、面識のない人々にさえ好感を抱かせた。容姿の美しさは直ちに人の心を惹きつけ、華奢な体躯《たいく》は婦人らの関心事となり、優美に研ぎ澄まされた精神と甘く魅惑的な話しぶりは進歩的な紳士の注目の的となった。また、そこまで教養の高くない人々の間では、彼のきわめて上品な礼儀作法が好感を集めていた。当然のことである。単純な人々にしてみれば、それがただ義務的に遂行された、本心を一切含まない優しさであるなどとは、まったく思いもよらなかったに違いないのだから。

もしそれらの人々が彼の謎めいた性格の秘密を見抜くことができていたなら、彼らはこう言ったに違いない——この人は愛情ではなく愛想に富んでいる、と。実際、それは事実なのかもしれなかった。だが、そうであったとしても、やはり人々はある真実を見落としていたことになる。彼の本心には——滅多に見られるものではなかったが——たしかに素晴らしい活気と、深い思慮と、揺るぎない考えとが満ちていたのである……。

彼とともに過ごしていると、日常の些細な出来事さえ楽しく感じられた。彼は驚くほど愛嬌豊かに友人たちと交際し、感謝の気持ちを示すようなときには、受けた親切に見合わないほどの深い愛情によって報いてくれた。彼は自らの死期が近いことを常に感じながら生きていたが、誰かの世話を受ける際には、その友人を悲しませることのないように、つとめて感情を内に秘め続けた。そして、命の危機にも怯《ひる》まない勇敢さを備えていた彼は、さすがに迫り来る死を英雄のような大胆さで受け入れることこそできなかったにしても、少なくとも一種の苦い喜びをもって自らの死を見通していたことはたしかであった……。*

自らに尊敬の眼差しを向け続ける乙女に対してショパンが初めて愛情を感じたのは、おそらく彼がまだ少年の頃であった。しかし、例の事件(8)によって巻き起こされた突風は、まるで夢見がちな小鳥を木の枝から吹き飛ばす嵐のように、ショパンをその祖国から引き離し、この初恋の絆さえも断ち切ってしまった。彼は祖国を追われただけでなく、誠実で献身的な妻を得る機会も失ったのである。ショパンはその後、願ってもないほどの光栄を勝ち得ていくこととなるのだが、彼女とともに願った幸福な未来が現実となる日はついに来なかった。ルイーニ(9)の描いた聖母《マドンナ》のように、この乙女は優しく美しかった。彼女の暮らしぶりは穏やかでありながらも寂しいものだった。ショパンの周りに彼女のよう

*いずれも『ルクレツィア・フロリアニ』からの引用

な愛と献身を捧げる人のないことを知ったとき、この清純な魂にはどれほどの悲しみが込み上げてきたことだろう。純真な敬意、一途な献身、自己犠牲——。彼女はこれらの、一人の乙女を天使に変えてしまうほどの気高く素朴な精神によって、ショパンのことを愛し慕っていたのだから。

美しくも破滅的な才能を授かったがために人生を愛の追求に向けることを禁じられた一部の人々は、ときに自らの人格を押し殺すことさえ余儀なくされる。だが、一途な献身のなかに生まれた貴い感情をふいにするのは、たとえそれがきわめて輝かしい天与の才能のためであったとしても、やはり惜しいことであったに違いない。彼女の揺るぎない献身と無我の愛は、ショパンの生活や思想の奥深くにまで入り込んだ。彼は、自らを愛したその乙女の名を思い浮かべるだけで、自分はたしかに彼女とともに人生を過ごしているのだと、そして、自分の高潔な愛情がほかの誰もあたえることのできない名誉と安穏を彼女にあたえているのだと、信じることができたのである。

そして、このポーランドの乙女も、唯一ショパンに残されたものである〈美しい過去の記憶〉に忠実であり続けた。彼女は、ショパンの両親のために心を尽くした。ショパンの父親は彼女が若き希望の日々に描いた息子の肖像画を大事に思い、決してほかの絵には取り替えさせなかった。そして、何年も経ったのちに、我々はたしかに見たのである——この物悲しい乙女が自らの描いた肖像画の前で釘付けになり、ショパンの父親の温かい視線に気付くやいなや、その青白い頬をまるで光を受けた雪花石膏《アラバスター》のごとく紅潮させたのを。

愛想のよいショパンであるから、音楽院在籍中にも多くの友情を築いたのだが、そのなかにはチェトフェルティンスキ公爵家の兄弟もいた。ショパンはこの兄弟の母親であるルドヴィカ・チェトフェルティンスカ公爵夫人の邸宅をよく訪れて、彼らとともに休暇や祝祭日を過ごしたものだった。公爵夫人は音楽の美を捉える真の感性によって数多の音楽家を支援した人であったから、この病弱な青年のなかに詩人としての資質を見出だすのに多くの時間はかからなかったことだろう。おそらく、彼女こそが、他者に自分の音楽を聴いてもらう喜びを、そしてその魅力を理解してもらう喜びを、ショパンに感じさせた最初の人であったのではないか。公爵夫人はかつての美しさを保ちながらその情け深い心で人々を魅了していた。彼女のサロンはワルシャワにおけるもっとも華やかで上品なサロンの一つでもあり、ショパンはそこでこの都市の名だたる貴婦人と会うことができた。美しく魅力的な婦人たちは、当時のワルシャワ社交界を象徴するような華麗さと優雅さと上品さによって名声を築き上げ、すでにヨーロッパ中の評判となっていた。ショパンはこのチェトフェルティンスカ公爵夫人によってウォヴィチ公爵夫人へ紹介され、さらにはザモイスカ伯爵夫人、ラジヴィウ公爵夫人、ヤブウォノフスカ公爵夫人へも紹介された。また、これらの輝かしい貴婦人ほどではないにしても、ほかにも大勢の素晴らしい人々が集まっていた。

ショパンは相当に若いうちから彼女らのステップを自らのピアノ音楽に取り入れるようになった。きっとこの〈妖精の集い〉ともいうべきサロンにおいて、踊りとともに高まる彼女らの熱く繊細な心の秘密に触れることができたのであろう。そして、自らの友情と若々しい魅力によってこれらの人々を惹きつけ、その心の動きを難なく読み取っていたのであろう。だからこそ、祖国ポーランドの詩的理想を複雑に形作るあの〈薔薇の棘と香り〉を――あるいは〈火薬と天使の涙〉を――ショパンは早くから知っていたのである。彼の指が何かを探し求めてさっと鍵盤の上を走り、予兆もなく心を揺さぶる和音を奏でると、恋する少女や顧みられぬ若妻の頬にはそっと涙が流れ、また、栄誉を夢見る若い男たちの目頭も熱くなったに違いなかった。美しい乙女が彼に簡単な前奏曲《プレリュード》を求める様子が目に浮かぶようではないか。彼女はピアノに凭《もた》せかけた艶やかな腕にうっとりと顔を添えながら美しい音色に聴き入り、目に浮かべた涙の輝きによって自らの心境を若い音楽家に伝えたことだろう。別の乙女たちは、快活な妖精《ニュムペー》のように彼を取り囲み、目も眩むような速いワルツをねだりながら、その明るく楽しげな微笑みによって、彼を一瞬のうちにワルツにうってつけの陽気な気分で満たしたかもしれない。ショパンはまさにそうした場面において、彼のマズルカに登場する華やかなポーランド婦人の原像ともいうべき〈穢《けが》れのない美しさ〉を目の当たりにしたのである。そして、その記憶は、誘い込むような魅力とかわいらしい慎み深さをもった婦人らの姿とともに、終生、彼の魂に刻まれ続けることとなった。

青春の喜びを回想する際に生じるあの不思議な感情に胸を打たれることがあると、ショパンは時折、そのことを悟られまいとして自然な態度を装いながらも、打ち明け話をしてくれた。彼が民族舞踏の音楽に秘められた情緒の本質を知ることができたのは、「あの魔法のような夜会の数々に招かれ、妖精のように優美な婦人たちの姿を目の当たりにしたから」であったと。彼女たちを彩る妖艶な美しさは、火花のごとく輝きながら瞬く間に人々の心を伝い、愛を高め、愛を盲目にし、ときには愛からすべてを奪い去った。だからこそ、インド製の薄織物《モスリン》（これは、ギリシア人にとっては〈空気の織物〉のようにさえ感じられる代物だ）がヴェネツィアン・ビロードの重ね着に役目を奪われ、香り高い薔薇とかよわい椿《つばき》の花びらが豪華絢爛な宝石の花束にその立場を譲ってしまうと、ショパンはよく思うのだった。これでは、オーケストラがどれだけ躍動感のある演奏をしたところで、踊り手の足はあの夕べのようには軽やかに動かず、笑い声も響かず、目も輝かないに違いない、と。かつてショパンが足を運んだワルシャワの夜会では、彼の美しい演奏に酔った人々が即興で踊り始めることもあったという。無論、ショパンの演奏が人々の気持ちを昂らせたのには理由があった。彼はその調べのなかに、ひそかに――しかし一部の人々にはすぐにそれとわかるように――ある仕掛けをほどこしていた。鋭く繊細な耳によって捉えた、慎ましい婦人たちの秘密のささやき声を、そっと曲中に忍ばせたのである。フラクシネラ(10)の花がその燃えるような活力のために常に可燃性のガスに覆われているのと同様、彼女たちの心は熱気に覆われていた。その気体の中心では、美の幻影が輝くとともに、不思議な幻像が人の心を惑わせた。ショパンは心得ていたことだろう。永遠の蒸気を放ち続ける途方もない情熱の本質を。そして、いかにしてこれらの激しい情緒が大胆な人間の魂から飛び立ち、いかにして――その絶え間ない興奮と熱情にもかかわらず――容姿の美しい均整や仕草の上品な魅力を少しも邪魔だてすることなく互いに入り混じり、絡み合い、遮り合うのかを。かくして、ショパンは気高く慎重な表現の大切さを学んだ。この慎ましさこそが、繊細を退屈から分かち、小さな思いやりを迷惑な御節介から分かち、慣例主義を強要から分かち、風雅を冷淡から分かち、さらには、人々の情熱を永遠に瑞々しく保つのである。この気高い慎重さを欠いた文化圏においては、〈鉄の花〉と呼ばれる植物[11]のごとく、人々の熱情が石化して哀しき残骸となり果てることすら、決して珍しくはない。

ショパンは優れた社交界に若くして加わり、そこで、秩序ある形式というのが心の石化を隠すためのものでないことを知った。そして、彼は一つの考えを得た。礼儀と礼節は、整った輪郭線のなかに人々の個性を閉じ込めてしまう画一的な仮面などではなく、むしろ、情熱の火を守りながら、風雅を損ねる単調粗野な事物だけを美化して、物質主義を遠ざけ、逸脱を遠ざけ、野蛮を遠ざけ、過剰を遠ざけ、善悪を超越した愛の美徳を教えるものなのだと。こうした青春の幻影は、記憶の情景の奥深くに焼きつけられ、彼の心のなかで一段と美化されていった。もはや、いかなる辛辣な現実をもってしても彼の夢想を妨げることはできなかった。放蕩の誘惑も、身勝手な悪逆非道も、幻想の盃を最後の一滴まで啜《すす》り尽くす貪欲も、無秩序と不調和に満ちた〈ボヘミアン生活[12]〉のごとき人生への狂気の行進も、彼にとっては露骨な軽蔑の視線を向けるための対象物でしかなかった。

国民詩人

芸術と文学の歴史においては、ある時代に生きるある国民の詩情を余すことなく体現する詩人というのがたびたび登場してきた。彼らの作品には、同時代の人々が挑み続けた芸術的理想が間然するところなく実を結んだ。そして、ポーランドという国と一九世紀という時代にとっては、まさしくショパンこそがこうした詩人なのであった。ポーランドの人々が心のもっとも深い部分で感じていた詩情は、彼の傑出した想像力によって一つの実体をあたえられ、また、彼の素晴らしい才能によって美しく彩られることとなった。ポーランドでは、これまでに何人もの世界的詩人を輩出してきたこともあって、今も多くの文士が過去の巨大な栄光を偲ばせる興味深い史実を探求し、独特の風習の織りなす途方もなく美しい場面の数々を白光のもとに照らし出そうと懸命に励んでいる。だが、ショパンという詩人は、具体的な事実や観念をもとにして着想を膨らませることなく、ただ自身の卓越した創造性によって、彼らを凌駕《りょうが》したのだった。事前に構想を立てることも、結果を予定することも、演繹的《ア・プリオリ》な理想を抱くこともなかった。

意図して取り上げるまでもなく、祖国の栄光はいつも彼の頭から離れなかったし、意図して分析するまでもなく、彼は同胞の愛と涙の意味を知り、歌い上げることができた。ショパンは国民音楽の作曲家になろうなどと考えたこともなければ、そのための勉強をしたこともなかった。真の国民詩人というのが一様にそうであるように、構想や先入観には頼らず、ただ心の向くままに、霊感の湧き出るままに、歌い上げただけである。そこには辛苦の跡も、さらには努力の跡さえも、ほとんど見受けられない。彼は自らが青春時代に経験した美しく活気ある情緒を、きわめて理想的な形で再現した。魔法のような繊細さをもつ彼のペンが通り過ぎると、楽譜上には一個の理想が――我々が口にしてよいものかわからないが、つまり、〈ポーランド人にとっての真実〉といえる理想が――書き出された。その理想は、たしかに彼らの内側に存在し、すべてのポーランド人にとっての――そして、とりわけ、一人一人のポーランド人にとっての――原動力なのであった。彼の祖国ではいたるところで独特の印象が感じられるが、一方でそれらはいつも切れ切れになって人々の心に宿っているために、これまで漠然としか知覚されてこなかった。それをショパンは自発的に摘み集めて、美しい花束にしたのである。同胞の間に広く浸透する不安定な感情の陰翳を、万民を惹きつける詩的な手法によって再現する力――。これこそが真に国民的な芸術家を定義する資質ではないだろうか。

近年では（当然の成り行きであるが）各国の民謡が盛んに収集されるようになっているから、ここで一つ、国々の気風に感化される作曲家たちの未来を占ってみるのも興味深いのではないかと思う。たしかに、今日までの歴史を眺めてみると、かの偉大なるドイツとイタリアの楽派を凌ぐような特色ある作品群が生み出されたことはほとんどなかった。だが、この民族音楽という芸術分野に約束されている途方もない発展のことを考えに含め、そして、それがかつてのチンクエチェント[13]の光栄を現代に蘇らせるかもしれないことを視野に入れれば、別の見方をすることもできる。つまり、〈社会組織や人種や風土の違いを感じさせる独創的な作品を携えた、才能あふれる作曲家の一群が登場する〉という公算は決して小さいものではないのである。そして、音楽の巨匠と呼ばれる人々にも他の芸術分野と同様に祖国の影響が見出だされるようになるであろうし、そうした国民精神を備えた天才たちの書く、高度に完成され、真実の詩情を帯び、探求心を刺激する作品は、もはや、無教養な人々の書く、粗雑で弱々しく、間違いの多い、あやふやな小品などとはまるで比較にならず、見紛うべくもないものとなるはずである。

我々はぜひともショパンをそうした第一級の音楽家——国全体の詩情を自らの血肉とする秀抜な魂——として歴史に位置付けなくてはならない。無論、ポロネーズやマズルカやクラコヴィアクのリズムを用いて曲にそれらの名を冠した、などという単純な理由からではない。彼がもしその程度のつまらない音楽家であったならば、ただひたすらに同じような曲ばかりを書き続けて、代わり映えのしない感情を代わり映えのしない形式に詰め込むくらいのことしかできなかったであろう。そうではなく、自身の作品をポーランド人特有の感情でみなぎらせ、自身の選んだ形式のなかに民族の心を描き出したからこそ、ショパンは真にポーランド的な詩人と呼ばれるに値するのである。前奏曲《プレリュード》にしてみても、夜想曲《ノクターン》やスケルツォや協奏曲にしてみても、その最長の曲から最短の曲にいたるまで、どれもみな国民感覚にあふれているではないか。どの曲も、表現上の程度の違いや千差万別の修飾をもちながらも、しっかりと同一の性格を帯びている。きわめて主観的な作曲家であったショパンは、すべての作品に同じ生命を吹き込み、すべての作品を同じ精神によって脈打たせた。だからこそ、すべての曲が統一感を帯び、相互に結び付いているのである。美しさも欠点も、どれも一つの心の動きに根ざし、一つの感情の型から生じている。ポーランドの人々の情緒を理想化し、気高く高尚な形で再現することは、この国民詩人——祖国の精神が自らの旋律に合わせて共鳴することを願う音楽家——にとってはどうしても欠くことのできない必要条件であった。

我々としても、できることなら言葉や描写を用いて説明したいのである——情熱的でありながらも落ち込みやすく、傲慢不遜でありながらも心に深い傷を負う民族だけがもつ、あの優雅でありながらも神経質な感受性のことを。だが、言語という味気ない領域において、我々があの美しく香る半透明の焔のことを多少なりとも伝えられるとは考えにくい。言語というのは、他の表現手法によって生み出される甘く色彩豊かな感情の高まりに比べれば、いつも不毛で、荒涼としていて、貧弱である。〈感情を表現する手段のうちでもっとも粗末なものは言語である〉などといわれるのも無理はない。だから我々としては、ショパンのあの精妙な色使いを伝えることのできる繊細な表現は、言語という手段のなかには見つけられないと思うところである。彼の音楽はすべての点において繊細なのである。興奮や熱情でさえその繊細さから生じているし、そこには開けっ広げな表現も、愚直な描写も、無頓着な形容も見受けられない。しかも、それらは妥協を知らない精緻な想像力の三稜鏡《プリズム》を透過してきているために、彼の芸術の原初の姿を窺い知ることは――不可能とはいわずとも――きわめて難しい。原初の情緒を認識するには鋭い知覚が必要とされ、それを描き出すには綿密な技法が求められる。その点、根源的な感情を見事に捉え、それらを尽きることのない芸術性によって具現化させたショパンは、やはり最上位の音楽家であるといえよう。そして、その意味するところは、長期にわたって忍耐強く研究を続け、一つ一つの支流から遡るようにして彼の崇高な着想の源流を目指し続けた人々にしか、ショパンの才能を――表面に霧をかけてしまうことも、燃え立つ血潮を凍てつかせてしまうこともなく、心に生じた精妙な考えをありのままに描き出す天与の才能を――正しく理解し、心の底から称賛することはできないということである。

芸術における愛好と嫌悪

青春時代に経験した純粋な感情が彼の心を満たし、その思想はただ芸術のなかにだけ打ち明けられた。彼の芸術観は決して揺るがず、常に自らが若き日に感じた印象に忠実であった。そして、優れた人々や古典的傑作のなかにだけ自らの魂を揺り動かす情緒を求め、厳しくそれらを吟味した。

情熱と気品という両立しがたい資質をあわせもつショパンには、けちな党派根性とは無縁の優れた思慮分別が備わっていた。彼は自らの詩的な観念を多少なりとも傷付ける作品に対しては、たとえそれがどんなに美しく卓越したものであっても、ほとんど興味を示すことがなかった。彼自身が尊敬の気持ちを向けていたベートーヴェンの作品さえも例外ではなく、いつもどこかしら唐突すぎて受け入れられない部分があるらしかった。ショパンにしてみれば、それらの決然とした構造も、荒々しい怒りも、激しい情熱も、度を越しているように思われたのである。この大作曲家の作品にみなぎる獅子の気迫はショパンの性に合わず、また、その神経質で力強い作品の中枢に織り込まれたラファエロ風の神々しい美しさも、周辺部分との強烈な対比のせいで、彼にある種の苦痛を生じさせた。

シューベルトの旋律に魅力を感じることも幾度かあったが、たいていの場合はその鋭い響き——むきだしの苦悩——を気に入らずに敬遠した。心臓が荒く脈打つような不安も、筋骨を砕くような悲しみも、ショパンの好みには合わなかった。

彼は野性的な激情を嫌って遠ざけた。大げさな表現は、それが音楽であろうと文学であろうと日々の生活であろうと、苦痛の種でしかなかったし、誇張されたロマン主義にありがちな狂気と絶望はただ不快なだけだった。奇をてらった効果や度を越した情緒を追い求めることには我慢がならなかった。

彼はシェイクスピアを愛していた——無論、多くの条件付きであったが。彼にとって、シェイクスピアの描く人物はあまりに人生そのものを象徴しすぎ、真実の言葉を語りすぎているように思われた。むしろ、彼がそれらの作品を好んだのは、見事な叙事《エピック》と抒情《リリック》の統合によって、人類の卑しさを忘れさせてくれたからだった。同じ理由から、彼は陳腐な会話を嫌っていたので、人に多くを語らず、また人から聞こうともしなかった。ある程度の高みに達した思想以外は話すべきでも聞くべきでもないと思っているらしかった*。

ショパンは常に自らを律していて、かたくななまでに慎み深く、なおかつ、(行間を読むことに長けた詩人らが皆そうであるように、)言葉にされない真実を予感や推察によって探り当てることを好んだ人であった。だから、少しも想像の余地を残さずにすべてを言い尽くしてしまうような厚かましい人々に対しては、苛立ちや憤慨にも似た感情を覚えたに違いなかった。もし誰かがこの点に関して彼に意見を求めていたとしたら、彼はおそらく、自らの好みに従って、こう白状したことであろう——私の情緒は説明し尽くされたもののうえにはさらせません、美しい刺繍のほどこされたヴェールに包まれていなくてはならないのです、と。もし至高の芸術作品と見做されているものが彼にとっては窮屈な規則と感じられたり、あるいは、その手錠のごとき規律――伝統的な約束事――のために身動きがとれなくなることを嫌がったり、そうした檻《おり》のなかに（たとえそれが美しく安全な金色の檻であっても）閉じ込められるのを拒んだりすることがあったとしても、それは彼が無秩序な逸脱や不規則な錯乱を愛したからではなく、ちょうど雲雀《ひばり》がそうであるように、雲一つない青空を目指して舞い上がろうと思ったからであった。

かつて、極楽鳥という鳥は、決して眠ることがなく、翼を広げたまま天空の息吹に身をまかせて休息するのだと考えられていた。ショパンもまた、この鳥と同様、高空から降りて鬱々とした霧のかかる森林に身を潜めることをよしとせず、そこに響きわたる呻き声や喚き声に包み込まれることをかたくなに拒み続けたのだった。また、深遠な青空を離れて不毛な砂漠地帯へ向かうことも、そこで流砂を避けながら危なっかしい砂山の波間を進んでいくことも、魅力的だとは思わなかった――しかも、喜々として嵐が吹き荒れて、危険に挑んだ無謀な人々をあざ笑うかのように、彼らの捨て身の彷徨《ほうこう》の足跡を根こそぎ消し去ってしまうのだから、なおのことであった。

ショパンはイタリア芸術に見られる開けっ広げで、けばけばしく、神秘や奇跡の魅力を欠いた表現

＊『ルクレツィア・フロリアニ』からの引用

が好きでなかったし、ドイツ芸術にありがちな力強いだけで低俗な作品も嫌っていた。シューベルトの言葉を借りるなら、〈崇高な芸術も、陳腐な芸術に続かれると光栄を失う〉のである。ピアノ音楽の作曲家のなかでは、ショパンがもっとも熱心に学んだのはフンメル(14)であった。また、モーツァルトを理想の詩人として尊敬していた。それはこの傑出したオーストリアの音楽家が、他の作曲家のようにやすやすと身を落として俗物の道に進むことなく、ひたすら美の階段を上り続けたからであった。モーツァルトの父親はオペラ《イドメネオ》(15)の上演に立ち会った際に、自らの息子をこう叱りつけたという。

「これでは馬鹿な聴衆が喜ぶところが一つもないではないか。」

ショパンはこの欠点のためにこそモーツァルトを崇拝していたのである。無論、ショパンは鳥刺しパパゲーノ(16)の陽気や、王子タミーノの恋とその不思議な試練の魅力を感じ取り、また、ドンナ・アンナ(17)の復讐心を理解することもできた。だが、やはりその極端な純粋主義——あるいは、陳腐であることへの恐怖——のためであろうか、ショパンはこれら不朽の作品に対しても「序曲にいくつか残念な点がある」などとこぼしていたのだった。とはいえ、そうした多少の不満くらいでは、彼のモーツァルトに対する崇拝の気持ちは揺るがなかったが。

ショパンは自らの胸を悪くさせる表現を忘れることはできても、それらを甘んじて受け入れることだけは決してできなかった。我々は誰しも、生理的な作用によって生じた嫌悪としか説明がつかないような、乗り越えがたい不快感を味わったことがあると思うが、ショパンはこの種の嫌悪感を抱かせるものに対して無関心を貫くことがどうしてもできなかった。だから、気に入らない作品に出くわすと、彼は必ず、いかなる説得や努力によっても抑えることのできない強情な衝動に取り憑かれてしまうのであった。

パリでの日々

ショパンがヨーゼフ・エルスナー教授*のもとで和声理論を修めて音楽院での過程を終えると、彼の両親は、一流の音楽と演奏に触れる機会をあたえたいと思って、息子に旅をさせることにした。そのおかげで、ショパンはこの時期にドイツの都市をいくつも訪れることができた。そして、同じような短い旅行のためにワルシャワを離れていたある日に、一八三〇年一一月二九日のワルシャワ蜂起(18)が起こったのだった。

ウィーンから戻ることができなくなったショパンは、そこでいくつか演奏会を開くことにした。だが、普段ならとても教養高く、繊細な演奏表現やかすかな思想の動きさえ見落とすことのないウィー

*ショパンはこの人から大切なことを教わった。それは、自らを厳しく律することと、忍耐と労苦によってしか得られない恩恵を重んじることである。

ンの人々も、この冬の間だけは落ち着かず、気もそぞろであったので[19]、ポーランドの若い音楽家は然るべき評価を受けることができなかった。そして、ショパンはロンドンへ向かおうと考えてウィーンを去り、ほんの短い滞在のつもりでパリへ立ち寄った。だから彼の英国への旅行証明書《パスポート》にはこう書き込んであった――〈パリを通過中〉。この言葉は彼の運命を物語っていた。何年も経ち、すっかりフランスの風土にも馴染んでくると、彼はよく冗談めかして言うのだった。今もパリを通過中ですよ、と。

ワルシャワ蜂起

　パリに着いてから、ショパンは何度か演奏会を開いた。パリ社交界の人々はすぐに彼の才能を認めて温かく迎え入れ、気鋭の芸術家たちも同様にこのポーランドの詩人を歓迎した。我々は今でも、ショパンが初めてプレイエル氏[20]のサロンに現れたときのことを覚えている。詩情の世界に新たな局面を切り拓き、音楽という芸術様式のなかに楽しくも大胆な改革をもたらしたこの天才に対して、我々はいつ終わるとも知れない熱狂的な拍手を繰り返したのだが、それでも我々の感じた喜びを伝えるにはまったく足りないくらいだった。

大多数の新人とは違い、ショパンは一瞬たりともこの種の勝利に酔いしれることがなかった。得意げになることも、うわべだけの謙遜を示すことも、成り上がり者にありがちな幼稚な自惚れを見せることもなく、素直にこの光栄を受け入れた。当時パリにいたポーランドの人々は、彼のために愛情のこもった歓迎会を催した。彼はチャルトリスキ公爵やプラテル伯爵夫人のもとに招かれ、コマール夫人やその令嬢（つまりボーヴォー公爵夫人とデルフィナ・ポトツカ伯爵夫人）[21]の邸宅にも出入りするようになった。なかでも、ポトツカ伯爵夫人は、その美しさと筆舌に尽くしがたい気品のために、パリ社交界に君臨する女王の一人として称賛を集めていた人である。例の美しい緩徐楽章《アダージョ》をもつ《ピアノ協奏曲第二番》も、このポトツカ伯爵夫人へ献呈されている。その天使のような美しさと魅力的な美声は、ショパンの心を敬愛の気持ちで満たし、常に魅了してやまなかった。彼女の声こそは、この詩人が人生の最期に聴くものとしてふさわしく、実際、そうなるべくして運命付けられていた――この世のもっとも甘美な歌声によって天へ届けられたショパンの魂は、歌の終わりとともに天使たちの奏でる竪琴《リラ》の響きに包まれたことであろう。

カミーユ・プレイエル

　ショパンはパリに住むポーランド系の人々と特に親しく交際した。将来を嘱望されながらも二〇歳のときにアルジェで殺されて夭折したオルダ氏や、プラテル伯爵、グジ

ポトツカ伯爵夫人

マワ氏、オストログスキ氏、シェムベク氏、ルボミルスキ公爵、そのほかにも大勢の仲間がいた。あとからパリへやってきたポーランド人も皆ショパンと知り合いになりたがったので、彼はもっぱら自国の人と会い続けていた。この人たちはただ祖国の最新情勢を届けただけでなく、一種の〈音楽通信員〉としての役割も果たした。ショパンはパリを訪れる人からポーランドで人気の歌や旋律について聞くのをいつも楽しみにしていて、好みの歌詞に出会ったときにはそれに新たな旋律を付けて持ち帰らせることも多かった。だからこそ、今もポーランドの人々はそれらの歌曲をショパンの曲とは知らぬままに愛唱しているのである。

　こうした経緯で即興的に作曲された歌が相当な数あったので、それらを集めて出版しようと思ったことも一度や二度ではなかったはずである。しかし、残念ながら、すでに彼の旋律は〈花の盛りを野で暮らす〉花々のごとく散り散りになって、人目につかない場所に隠れてしまっていた。我々は、ポーランドに滞在した際、ショパンが書いたとみられる歌曲をいくつか聴くことができたが、それらはまさに天才詩人の名にふさわしいような作品であった。とはいえ、この国民詩人の霊感とその同胞の人々の夢との間に明確な線引きをすることは困難であるし、そのようなことをしようと思うのは野暮であろう。

ショパンは長い間パリの名士たちから離れていた。彼らの虚飾に嫌気がさしたようだった。実際、ショパンは自身の独創的な精神に正しく根ざしたものだけを選び取って自らの性格と習慣を形作っていたので、表面的な奇抜さだけを追求する人々と比べると、見劣りするのは避けられなかった。何より、音楽を披露するようにと軽々しく求められるのも嫌だった。あるとき、一人の軽率な主人が（浅はかなことに、彼は客人らに対して、ショパンの演奏という〈珍しいデザート〉を提供すると請け合っていた！）、食事室を出たばかりのショパンに向かって、ピアノの前に座るよう指示したことがあった。こういうときには〈主人は数に含めずに、二度の無礼までは大目に見る〉という不文律を思い出さなくてはならないのだが、ショパンは、一度こそ丁寧に断ったものの、それでもあきらめない主人にうんざりして、とうとう気怠そうな声で言い放ってしまった。

「閣下、恐縮ですが、私はほとんどお料理を口にしませんでしたので！」

（1）Żelazowa Wola. ポーランド中部の村。

（2）アンジェリカ・カタラーニ（Angelica Catalani, 1780–1849）。イタリアの歌手。演奏旅行でワルシャワへ赴いた際に少年ショパンの演奏を聴き、感動して懐中時計を送ったとされる。

（3）ヴォイチェフ・ジヴヌィ（Wojciech Żywny, 1756–1842）。ポーランドの作曲家、ピアニスト、ヴァイオリニスト、音楽教師。

(4) アントニ・ラジヴィウ（Antoni Radziwiłł, 1775–1833）。ポーランドの貴族、音楽家、政治家。

(5) "Faust" (1808–1832).

(6) 以降の引用文はジョルジュ・サンドの小説『ルクレツィア・フロリアニ』からの抜粋。この作品に登場する主要人物のモデルは、サンドとショパン、そしてリストであるといわれるが、ここではショパンにあたる青年カロルについての描写が引用されている。

(7) ギリシア神話に登場する神。オリュンポス一二神の一柱。

(8) 一八三〇年一一月二九日のワルシャワ蜂起。

(9) ベルナルディーノ・ルイーニ（Bernardino Luini, ca. 1480–1532）。イタリアの画家。ミラノを中心にロンバルディア地方で活躍した。

(10) 別名〈ガス・プラント〉と呼ばれ、葉からガスが分泌されることで知られる。

(11) 珊瑚のこと。

(12) 定職を持たない芸術家や作家の自由奔放な生活。

(13) ルネサンスの盛期であった一六世紀を指す。

(14) ヨハン・ネポムク・フンメル（Johann Nepomuk Hummel, 1778–1837）。オーストリアの作曲家、ピアニスト。モーツァルトなどに師事したのち、ヨーロッパ諸国を巡演し、不動の名声を築いた。

(15) "Idomeneo," K. 366 (1781).

(16) モーツァルトが一七九一年に作曲したオペラ《魔笛》に登場する人物。王子タミーノも同様。

(17) モーツァルトのオペラ《ドン・ジョヴァンニ》に登場する人物。

(18) 一八三〇年一一月二九日にワルシャワで発生した、ロシア帝国の支配に対する武装反乱。一一月蜂起とも呼ばれる。

（19）前述のワルシャワ蜂起のために、ウィーンでは反ポーランドの風潮が高まったといわれる。

（20）カミーユ・プレイエル（Camille Pleyel, 1788–1855）。ピアノ製造会社プレイエルのオーナー。腕利きのピアニストでもあった。

（21）デルフィナ・ポトツカ（Delfina Potocka, 1807–1877）。美貌や知性、芸術的才能で名高く、ショパンや、ポーランドの詩人ジグムント・クラシンスキらと交流があった。

第七章　サンド夫人

"George Sand en Madeleine." by Louis Boulanger

レリア

一八三六年、既にサンド夫人は『アンディアナ』や『ヴァランティーヌ』、『ジャック』といった作品に加えて、『レリア』を発表していた。この散文詩について、彼女はのちにこう語っている。

あの作品を書いたことに何か心残りがあるとすれば、それはすなわち、私には二度とあれが書けないということです。あの頃と同じ心境になって、またあの作品を書き始めることができれば、さぞかし大きな慰めとなるでしょうに。*

『レリア』のなかで、彫刻家の木槌《きづち》と鑿《のみ》を大胆に扱って、あれほど大がかりな彫像の輪郭を削り出し、そして、静止していながらも人々を驚かせ、魅惑し、あるいは悲痛な気持ちにさせるような、あれほど引き締まった筋肉を刻み込んだあとでは、サンド夫人はもう水彩画のように淡くロマンスを描くだけでは満足できなかった。レリアという彫像はサンド夫人にとってのガラテイアなのかもしれないが、しかし動機という点ではピグマリオンの場合とは正反対であった。(1) つまり、レリアは情緒豊かで愛にあふれる生身の人間であったからこそ、芸術家の心を深く魅了して、空しい望みを抱かせたのだ――彼女の美を高めて永遠に保存するために、その溌剌とした呼吸と熱くたぎる血潮を精緻な大理石の彫刻のなかに封じ込めてしまおう、という望みを。だから、芸術によって石化されたこの迫力ある人物を前にすると、我々はある種の寂しさに襲われる。驚きの気持ちが燃え上がって愛へ昇華していくのを感じる代わりに、愛が凍てついて単なる驚きになり果ててしまうのを認めなくてはならないのである。

　黒い髪とオリーヴ色の瞳をもつレリアよ――！　おまえは、ララ[2]のように物悲しく、マンフレッド[3]のように絶望して、カイン[4]のように反逆心を示しながら、孤独の深淵《ふち》をさまよってきた！　しかもこれらの人物でさえ、残忍さや野蛮さ、慰めようのない悲しみといった点では、おまえに及ばない！　おまえはとうとう見つけられなかったのだ――おまえの男性的な魅力に無条件の尊敬を示し、何も言わずにおまえに身を捧げ、おまえのアマゾネス[5]のごとき力に庇護《ひご》されることを望み、そして、ララやマンフレッドらが受けたような愛情をもっておまえを恋い慕えるような、淑《しと》やかな心をもった男を！　女傑よ！　おまえは、アマゾネスのように、勇敢で、闘いに飢えてきた！　おまえはその美しく優雅な顔を、何のためらいもなく、真夏の猛烈な日差しや真冬の鋭い木枯らしのもとにさらしてきた！　おまえは、幾度となく負荷をかけては鍛え上げ、そのかよわかった手足から、弱さゆえの繊細な魅力をすっかり奪い去ってきた！　おまえはその震える胸に重い防具を被せてきた――だからおまえの雪

＊『旅人の手紙』からの引用

白の肌は、押し潰され、切り裂かれ、血に染まっている！　人生の輝きと墓場の沈黙を同時に感じさせるはずの美しい女の乳房が、男の深い愛情を受けとめ、男の心という唯一無二の堅牢な盾によって守られるべき優美な女の肌が、無残にも血に染まろうとは！――

我々が今もなおメドゥーサ(6)の浮き彫り細工の骨董品に魅了される理由は、均整の取れた顔立ちや、美しくも破滅的な表情、そして何より、その不遜な微笑みにある。サンド夫人の手によって最後の仕上げをほどこされたレリアの彫像にも、このメドゥーサのような威厳と、不遜な佇《たたず》まいと、絶望的な眼差し――美しい眉の間に生じた深い皺《しわ》と、壮絶な人生にかき乱された長い髪とによって、暗く縁取られた苦悩の視線――が備わっていた。だが、それだけではサンド夫人は自らの魂を満足させることができなかった。夫人は、これほど並外れた彫像を作り上げたにもかかわらず、表し足りない情緒を表現しうる別の方法をいつまでも探し続けなくてはならなかった。そして、〈すべての悲しみを耐え、すべての喜びを導く、崇高で献身的な愛〉という最上の女性的資質を埋め合わせるべく*、あらゆる男性的な魅力を盛り込んで芸術の極致ともいうべき端正さをこの彫像に授けたにもかかわらず――、自己犠牲という女の幸せを拒絶するレリアによってドン・ファン(7)に通ずる男の欲望を呪ったにもかかわらず――、ステニオ(8)の幻想が裏切られるのを描いてエルヴィラ(9)に象徴される不本意な女の運命の仇討ちを果たしたにもかかわらず――、そして、ドン・ファンが女を嘲笑した以上に男を愚弄し尽くしたにもかかわらず――、サンド夫人の心は癒されなかった。だからこそ、夫人は、自らの作品中にあれほどの情緒を結実させたにもかかわらず、『旅人の手紙』のなかで芸術家特有の倦怠について書き続け、今もなお、あの痛ましい無力感に——自らの扱う芸術様式によっては具現化しえない、行き場のない着想を抱えてしまったときに襲われる無力感に——苦しみ続けているのである。

　こういう詩人の苦しみに通暁していたのはバイロンであった。大詩人タッソー(10)の悲痛な涙は、彼を繋ぐ鎖のためにも、彼の肉体的な苦しみのためにも、彼の身に降りかかる恥辱のためにも流されることはなく、いつも彼自身が完成させたばかりの叙事詩のために流されるのだった。自らの思い描く理想の世界がその完成とともに扉を閉じ、彼をその魔法の領域から追い出して陰鬱な現実に引き戻してしまうことにこそ、涙したのだった。

あこがれと理想

　さて、サンド夫人はこの時期、ある音楽家からショパンという友人について幾度も聞かされていた。その音楽家は、パリにやってきたばかりのショパンをこのうえなく熱烈な喜びによって歓迎した人の一人であった。彼は夫人に、ショパンの芸術的才能の高さと、何より、その詩的な情緒のすばらしさ

＊もっともサンド夫人は、かの詩人ゲーテが〈女の永遠不変の天性《エターナル・フェミニン》（DAS EWIG WEIBLICHE）〉と呼んで尊んだこの資質を決して認めようとはしなかったが。

について、何度となく、熱く語ったものだった。夫人はショパンの作品を知るにつれて、その詩的な感情に、その崇高な精神に、そして、その優美な甘さに、心を奪われていった。ポーランドの男たちが自国の女たちについてえらく熱心に——とりわけ、例のワルシャワ蜂起で彼女たちが示した気高い自己犠牲の精神については一段と熱っぽく——話をするのを知っていた夫人は、彼らの話をショパンの作品の詩的な着想と重ね合わせるうちに、一つの〈理想的な愛の形〉を見出だした。夫人は思うのだった。もしかすると、女の果たすべき役割は、男に依存することでも、男より劣っていることでもなく、妖精ペリのような美しい知性を備えて男たちと対等に付き合うことなのかもしれない、と。夫人は、きっと、完全には理解していなかったのだろう。この愛の理想が——尊大ながらも繊細で、壮麗ながらも見るに堪えないほどに悲しい、愛の理想が——ポーランドで崇拝されるようになるまでに、どれほどの苦悩と、沈黙と、根気と、親切心と、寛大さと、勇敢な忍耐力が、複雑に結び付いてきたことか。それは、廃墟のぐらつく石壁に無数の長い蔓《つる》を絡ませる蔓薔薇の花のように、頽廃《たいはい》を彩ることを運命付けられている——。そして、慈悲深い母なる自然の織りなした美しいヴェールが、尽きることのない恩恵によって、人の世のはかなさを包み込んでいくのだ——。

ショパンの作品を知るにつれて、サンド夫人は驚きと畏敬の気持ちに包まれていった。何しろ、ショパンという芸術家は、斑岩石《はんがんせき》や大理石に自身の幻想を刻み込むことも巨大な女人像柱《カリアティード》を並べることもせず、その代わりに、自らの作品から輪郭線を消し去り、しかも、必要とあらば、その不思議な浮力を備えた芸術様式を駆使して構造物を地面から切り離し、ファタ・モルガーナ(11)の魔法の城よろしく、薄くたなびく雲の間に浮かべてしまうのだから、鋭い審美眼をもつサンド夫人のこと、それらの作品のなかに神秘的な理想を見出だして心惹かれていくのは、いたって自然の成り行きであった。夫人は、立派な円盾《まるたて》を掘り出せるほどに力強い腕に加えて、限りなく平らな浅浮き彫り《ロー・レリーフ》のなかにも美しい陰翳を表現できるきわめて繊細な手先をもっていた。超自然的な世界にも通暁していた。母なる自然は、サンド夫人に対して、まるで最愛の子にするように、自らの美の秘密を――そして、そこに顔を出す、気まぐれや、魅力や、喜びの秘密を――包み隠さず教えてきたのである。

夫人はどんなに些細な美しさにもよく気が付いた。長大な均整美を感じ取る目をもっていた一方で、前屈みになって、かよわい蝶の翅に描かれた鮮やかな彩飾を調べたりもした。歯朶《しだ》植物がまるで雨よけのように野苺の上に広がるのを見つけては、その驚くほどに対称的な、美しい葉形を指でなぞった。〈好色な毒蛇〉の荒い吐息も聞こえてくるような長い葦《あし》や水草の茂みに分け入っては、小川のせせらぎに耳をすませた。野原や沼地の上を慌ただしく飛び跳ねる鬼火を追っては、夜闇のなかでその青い光をたどってとんでもない場所へと誘い込まれる旅人のことを想像した。蟬《せみ》や畑の刈り株に集まるその同類が繰り広げるにぎやかな音楽に耳を傾けては、森に棲む様々な昆虫の名まで覚えて、しかもそれらを鳴き音や翅の模様から見分けることができた。ときには百合《ゆり》の花の華麗な色相のなかに秘められた優しさを知り、ときには花に恋した乙女、ジュヌヴィエーヴ[12]のため息を聞いた。

夫人は、夢のなかでは、〈見知らぬ友人たち〉と再会した。「寂しい岸辺に座って苦悩に襲われていた」サンド夫人の前に、「小舟に乗り合わせて、急流に運ばれて」やってきた彼らは、彼女を乗せてその見知らぬ岸辺を離れた。

未知の土地に着くと、半ば醒《さ》めた夢のように、人々が暮らしていた……。幼い頃から親しんだ大きな真珠の貝殻に乗って、神秘の島々に降り立つ人々……。誰もが若く美しい……。誰もが、すべての男女が、花の冠を頭に載せて、長い頭髪を肩の上に漂わせ……、奇妙な形をした甕《かめ》と竪琴《リラ》を抱え……、言葉にできないほどに美しい音楽と歌声を響かせている……。皆が、神聖な愛で、互いを等しく愛し合う……。銀の受け皿の上で楽しげに踊る、透き通るような香水の噴水……。雪花石膏《アラバスター》の花瓶に植えられた青い薔薇の数々……。遠くに見える魔法のような景色……。人々は、天鵞絨《ベルベット》の絨毯のように柔らかい青苔《せいたい》の覆う地面を裸足で歩き……、あるいは、幸せな香りの漂う木立を気の向くままに歩き……、歌を歌っている……。*

これらの〈見知らぬ友人たち〉と大変親しかったことを思い出した夫人は、再会を終えたあと、「一日中、胸が高鳴り、彼らのことを考えずにはいられなかった」。夫人は、ホフマン(13)の世界へも招き入れられて、「死者の肖像が神聖な微笑みを浮かべるのを、目の当たりにした」**。そして、ゴシック様式の窓にはめられたステンドグラスから差し込む太陽の光が、聖者の頭の周りに光輪を描くのを、その目で見た——それは、まるで神の手に包まれたかのように、粒子の渦のなかで崇高な輝きを放っていたという。夫人は、日没の織りなす紫色と山吹色の衣裳をまとった燦然《さんぜん》たる幻影を、じっと眺めたこともあった。もはや、幻想世界の神話と神秘について、彼女の知らぬことは一つもなかった！

　こうしてサンド夫人は、自然の成り行きとして、「決して言葉にすることはできないが、必ずどこかには——それが地球上なのか、あるいは、森の木々の合間から見える夜空の星のどれかにあるのかはわからないが——実在するに違いない、あの奇跡の場所へ」＊＊＊翼を駆って行き来することのできる人と知り合いになりたいと、切望したのだった。夫人は絶対にその場所を忘れたくなかったし、絶対に自らの心と想像がそこから押し戻されてこの陰気な世界へ——まるで、寂々とむきだしになった花崗岩によじ登らなくてはどろどろしたぬかるみに足を取られてしまうフィンランドの海岸のような、憂鬱な世界へ——墜落してしまうことのないように祈っていた。レリアという巨大な影像に疲れ、地球上の物質では作り出せない壮大な理想に嫌気がさした夫人は、「きわめて微細な奇跡を愛する」音楽家と——つまり、星明かりの奇跡の場所に通じている音楽家と——知り合いになることを熱望した。哀しいかな、もしその奇跡の場所が地上のような瘴気《しょうき》にこそ覆われていなかったとしても、物悲しい憂鬱の感情からは逃れられないというのに！　たしかに、その場所へ移された人々は、新しい太陽の

＊　『旅人の手紙』からの引用。
＊＊　『スピリディオン』からの引用。
＊＊＊　『旅人の手紙』からの引用。

光を愛おしむことができるかもしれないが、しかし、そのはかない日没も見ないわけにはいかない！　プレアデス星団の七つ星でさえ、永遠のものではないはずだ。光り輝く露のように、星々は、一つまた一つと、無限の闇の深みへ向かって流れ落ちていく――どんな測鉛線も達したことのない、暗がりの深淵《ふち》へ向かって。天空の平原を見上げて、その藍色のサハラ砂漠のオアシスが頼りなく枯れていくのをなす術なく眺めていると、人は、愛や情熱をもってしても癒すことができないほどの、きわめて絶望的で、きわめて深い、悲しみの感情に襲われてしまうのである。

夜空の闇は、少しの動揺も見せずに、すべての感情を飲み込んでいく。ちょうど、動植物のせわしない動きが静かな湖の表面に映ることはあっても、それが波風を立てて水面を揺らすことにはならないのと同様に。氷のように沈滞する水面の眠りは、どうあがいても、覚ますことができない。その陰鬱な悲しみは、どんなに喜ばしい気持ちさえも打ち消してしまう。

魂がいつもの場所から舞い上がって奮闘することで生じる倦怠感……。これまで、言語について多くを学び、それを少しの疑いも抱かずに使いこなしてきたが、会話という手段の限界を感じないわけにはいかなかった……。人は精力と闘争本能から生まれる……。広大無辺の空間をさすらい、雲のはるか上に広がる果てしない冒険の旅路に迷い込むために……。そこでは、人々の目は空の神秘に釘付けにされて、地球の美しさは顧みられない……。そこでは、もはや、『ウェイヴァリー』の作者(14)が見せたような器用さによって現実が詩的に修飾されることはなく、その代

わりに、バイロンが『マンフレッド』のなかで見せたようなやり方で詩自体が現実のものとなり、
超自然的な存在に神秘的な実体があたえられる。*

サンド夫人は見抜くことができていたのだろうか？　どこにも〈少なくとも、この無味乾燥とした物質世界には〉実在しない夢を喜々として追う人々が抱えている、癒えることのない憂鬱を。誰にも理解されることのない意志を。誰のことも理解しようとしない排他主義を。相容れぬものを排除しようとする衝動を。夫人は、そうした夢想家に捧げられるべき〈愛の形〉を、しっかりと見通すことができていたのだろうか？　また、彼らが優しさの同義語《シノニム》として受け入れる唯一のもの、〈夢への絶対的な服従〉について、あらかじめ理解していたのだろうか？　彼らの性格には独特の深みがあるのだが、それらは彼らのような内気で臆病で秘密主義な人物にしか見つけられない場所に隠されている。北風の気配を感じるだけで花弁を閉じてしまう敏感な花々のように、彼らもまた、自身の気難しい魂を〈専念〉という白布のなかに隠しているのだ。そして、自らに好意的な太陽の暖かい日差しのもとでだけ、その花を開いて見せる。こういう人々は、いわゆる〈積極性から生じる豊かさ〉とは対極にあるような、〈消極性から生じる豊かさ〉をもっている。

＊『ルクレツィア・フロリアニ』からの引用

これらの異質な〈豊かさ〉がどこかで出会い、肩を寄せ合うことになったとしても、両方が一つに溶けて新たな〈豊かさ〉を生むことは決してない。一方が他方を焼き尽くし、その場には灰だけが残されるのだ*。

哀しいかな、これはまさに、本書で回想の対象となっている人物の身に――違った形の幸福を願うことも、実際に手に入れることもないまま、ただ自身の排他的な芸術的理想のために精力を使い果たして死んでいった、繊細な人物の身に――起こったことであった。

ショパンは、古代デルフィの巫女よろしく他の女たちが知らないようなことをあれこれと語ってしまう〈現代のシビュラ〉、サンド夫人のことを、得体の知れない恐ろしい女だと感じているらしかった。だから、色々な理由をつけては、夫人と会うのを先延ばしにしていた。一方のサンド夫人は、そのことに気が付かなかった。魅力的な素直さによって多くの人を虜にしてきた夫人は、まさにその純真な性質のために、デルフィの巫女に対するショパンの恐れを見抜くことができなかったのである。だが、ついに夫人がショパンとの面会を果たすと、この女流作家に対して彼が抱いていた頑固な偏見はたちまち雲散霧消した。

マヨルカ島

一八三七年の秋、ショパンは病の発作に襲われた。その症状が命の危機を感じるほどに深刻なものであったので、彼は冬の厳しい寒さから逃れるために南方へ向かわざるをえなくなった。サンド夫人は、愛する人々のことを常に気にかけてはその苦しみに同情してくれる人であったから、手厚い看病なしでは生きられない弱り果てたショパンを独りで旅立たせるわけにはいかないと思って、彼の旅に同行することを決めた。二人はマヨルカ島[15]へ向かうことにした。この島の温暖な海洋性気候が肺の病の療養に適していると考えたのである。彼らがパリを出発するときには、我々はショパンのあまりの衰弱ぶりを目の当たりにして、これが彼との永遠の別れになるかもしれないと覚悟したくらいであったが、この環境の変化のおかげで、（マヨルカ島に着いてしばらくの間は、やはり危険な症状に襲われたものの、）数年の間に、彼の健康は随分良くなったのである。

ショパンが健康を取り戻すことができたのはなぜか？　単にマヨルカ島の心地よい気候のおかげだったのか？　それとも、むしろ、人生の幸福に気付いて、生き続けることを願ったからなのか？　世の中には、たしかに人知の及ばない事象がある。意志の力は、どこまで、身体に影響を及ぼしうる

＊同じく『ルクレツィア・フロリアニ』からの引用

のか――。精神のかすかな芳香は、いかにして、破滅へ向かって落下する肉体を拾い上げるのか――。生命の力は、いかなる条件のもとで、衰弱した臓器を蘇らせるのか――。物質に対する精神の支配は、どこまで、確かなものなのか――。我々の感覚は、どの程度まで、想像力の影響を受けて燃え上がり、あるいは下火になるのか――。想像力というのは、気まぐれに不思議な力を及ぼすものである。長く厳しい訓練を必要とすることもあれば、ちょうど太陽の光が天日取りレンズに集められて美しい火を起こすときのように、一つの決定的な運命の瞬間に向けて、自然と、忘れられた力を結集させていくこともある。そして、この時期のショパンの人生には、まさにすべての幸福の光が差したといってよかった。そう考えると、それらが一点に集まって彼の生命の焔をふたたび燃え上がらせたことも、さらには、その焔が彼の人生における最上の輝きを放つまでになったことも、すべて合点がいくではないか。都会を離れて、地中海の青い波に囲まれ、オレンジの木々の陰に暮らす生活は、素晴らしい魅力に満ちていたに違いない。甘く純真な幻想を信じ続けて〈どこかの静かな島で暮らす幸せ〉にあこがれているような多くの若々しい恋人たちが、この島にたどり着き、燃えるような誓いを交わし合ったことだろう。ショパンもまた、その場所で、あの空気

マヨルカ島

を吸い込んだのだ……！　現世に居場所がなく、幸福とも縁遠いような人々が、懐かしみ、待ち焦がれる空気を……！　共に人生を歩んでくれる気の合う人に出会えたならば、どんな場所にいても吸うことができるが、それなしには、世界中のどこを訪ねても吸うことのできない空気を……！　我々が甘美な夢のなかで味わう空気を……！　どんな厳しい現実に直面していても、愛し合う二人が力を合わせれば、たちまち見つけ出すことのできる空気を……！　それは〈理想の国〉の空気だった……！

ああ、愛すべき哀れなミニョンの手を取って、

あちらへ！　あちらへ……！　さあ、参りましょう！

（DAHIN! DAHIN! . . . LASS UNS ZIEHN!）[16]

と繰り返し、その場所へ誘い出せたなら！――

ショパンが病に倒れていた間、サンド夫人は、「この傷付きやすい存在が、自身の愛の焔に焼かれてしまっているように思えて……」、決して彼の枕元を離れず、その愛と情熱に――すべての思い出が苦痛に変わっても揺らぐことのない一途な愛と、すべての喜びが失われても燃え続ける情熱に――応えようとした。

この世界のほとんどの人は、愛のなかに幸福を求めて、それが手に入らないことを悟ると、静

かに身を引く。しかし、彼にとっては、愛の目的は愛すること自体だった。どんな苦しみを受けても、その愛の焔は燃え続けた。苦悩の局面には立ち入ることになろうとも、冷淡の局面には決して近付かなかった。そして、その先には、肉体的苦痛の局面が待っていた――彼にとって、愛は人生も同じだったので、それが甘かろうと苦かろうと、ただ受け入れて耐えるしか方法がなかった*。

サンド夫人はショパンにとって魔法使いのような存在であり続けた。夫人の呪文はショパンを〈死の影の谷〉から引っ張り出し、その肉体の苦しみを甘美な愛の感傷へと一変させた。彼を死から救うために、そして彼を生き返らせるために、夫人は勇敢に病と闘った。幻術と直観を混ぜ合わせた思いやり（こういうものは医療器具や医薬品による治療よりも何千倍もよく効くものだ）によって彼を包み込み、看病に付ききりになった――少しの疲労も、気疲れも、落胆も、感じることなく。

夫人は決してあきらめなかった。愛する病弱な我が子に自らの健康の一部を移しあたえようとする力強い母親のように、夫人は、預かった〈かわいい里子〉のために、新しい生命力を吹き込んだ。そして病は治まった。

彼の魂をひそかにむしばんで、あらゆる満足感を失わせていた〈悲しい憂鬱〉は、徐々に消えていった。友人の好意や穏やかな明るさがついに彼の心に届いて、悲観や暗い予感を追い払い、その理知的な心に新たな力を吹き込んだのだった。**

鬱々とした不安のあとに、幸福が訪れた――先の見えない恐怖の夜にも、少しずつ美しい日の光が差してくるように。人は、深く重苦しい闇に包まれると、少しの希望も抱けないままに最悪の事態だけを考えて怯えてしまうものであるが、そういうときにこそ、絶望する瞳を空に向けると、思いがけず一点の光が見えて、そこから黒い霧が晴れ、そして、まるで従順な羊の群れのごとく、分厚い雲が開いていく――。ついに希望の光が魂に届いた！　暗い洞窟に迷い込んだあとで命からがら一筋のかすかな光を見つけた人のように、一気に生き返った心地がする。このくすんだ色の小さな光は、見た目には死にゆく夕日の最期の輝きのようであったとしても、たしかに暁の光なのである。一見すると夜の帳《とばり》が下りてきたように思えても、それはたしかに夜明けなのである。爽やかな微風の生き生きとした呼吸が、そのことを教えている。その優しい香りは、前触れのように、朝の訪れを知らせる。まるで希望が息を吹き返したかのように、花の香りが満ちてくる。遠くにいる一羽の迷い鳥がいつもより早い時間に歌い始めると、その明るい響きは、聴く者の心を慰め、幸せな未来を約束する。これら

*　『ルクレツィア・フロリアニ』からの引用
**　『ルクレツィア・フロリアニ』からの引用

のきわめて微妙でありながらも確実な変化のなかにこそ、光と闇の戦いの決着を見て取れる――闇は敗北したのだ。鉛色の空を見上げると、以前より重苦しさが減っていて、あの絶望的な永遠性もすでに失われたのがわかる。

灰色の光の線が少しずつ明瞭になり、希望の世界へと通じる裂罅《れっか》のごとく、地平線に沿って伸びていく。そして、次の瞬間には、大きく上方へ広がって闇の境界を押し上げ、ついには、ちょうど水面に生じた波紋が湖岸に向かってよどみを押し流していくように、追い払ってしまうのである。それから、激しい抵抗が始まる。雲は、その進行を阻むべく、湖岸の砂紋のように上下に波打って、滑らかに伸びていく。それでも、押し寄せる激流のごとく、朝の光は分厚い雲を通り抜け、引き裂き、消し去ってしまう。そして上方へ伸びていくと、波打つ紫色の雲も深紅色に染まるようになる。この瞬間、若々しい暁の光が、内気そうにしながらも、勝利の輝きを放つ。ついに、最後の恐怖も消え去ったのだ。敬愛と感謝の念でいっぱいになった心は、新しく生まれたかのような充実した気分に満ちている。様々な物体が、まるで混沌から呼び戻されたかのように、くっきりと目に映る。どれも、揃いの薔薇色のヴェールをまとっている。それらは、光の明るさが増してくると、透明に近い薄紅色の紗布《ガーゼ》に取り替えられ、同時に、平原も、ますます見晴らしがよくなり、白く美しい輝きに包まれながら、遠くへ広がっていく。

ついに燦々《さんさん》と輝く太陽が姿を現すと、大空全体にまぶしい光が広がって、新たな栄華の訪れが告げられる。空気中に漂う靄は、まるで巨大なカーテンが開いていくかのように、さらさらと流れて、消えていく。目に映るすべてのものが、呼吸し、活動し、生きる喜びを感じ、歌を響かせる――それぞれの音が、絡み合い、交叉し、出会い、あるいは、溶け合う。停滞の代わりに運動がもたらされ、拡がり、加速し、循環する。湖の水面は、愛に揺れる胸のように、ゆるやかに波立つ。人知れず流れる露の涙も、段々と目に見えるようになり、一つまた一つと、湿ったハーブの葉の上で輝きを放つ――まるで、その溌剌とした瞬《また》きを虹色に染めるために太陽の光を待ち望む、ダイヤモンドの宝石のように。巨大な光の扇《おうぎ》が、東の空に、いっそう大きく広がっていく。美しい刺繍を引き立たせる装飾の数々――。紅色の縁飾り、すみれ色の房飾り、そして、ちりばめられた銀色のスパンコール――。黄金の扇骨《せんこつ》の先には、褐色の光の紐によって、羽根飾りが括りつけられた――。扇の要《かなめ》が赤く輝いている――。深紅のルビーが放つ透明な種火は、少しずつ、燃える石炭を思わせる橙色《だいだいいろ》に変わっていき、徐々に、松明《たいまつ》に移されたかのように大きくなり、ついには、炎の花束のごとく燃え広がって、いっそう激しく情熱的に輝くようになった――。

ああ、あれこそ太陽神にほかならない！　燃えるような額に、輝かしい長髪の房がゆるやかにかかっている！　今こそゆっくりと頭をもたげているように見えるが、その全身が露わになるやいなや、彼は力強く地面を蹴って飛び立ち、すべてのものを振り払い、瞬く間に天球を占拠するのだ！――

愛すべきマヨルカ島で過ごした日々の思い出は、至福の喜び――運命の女神がただ一度だけあたえてくれる恍惚の時間――の記憶として、終生、ショパンの心に刻まれた。

彼はもう地上にはいなかった。天空の、美しい香りのする黄金の雲の間に浮かんでいた。どうやら、その精緻な想像力を通して、ただひたすらに、神に向かって何かを語りかけているらしかった。彼は我を忘れて光り輝く三稜鏡《プリズム》に見入っていたが、もし、そのうえに外界の幻灯機(17)が忌々しい俗事を映し出すようなことがあれば、たちまちひどく取り乱してしまった。あたかも、崇高な演奏会のさなかに老婆の汚い歌声が聞こえてきて、その俗悪な金切り声によって大音楽家の神聖な音楽が台無しにされてしまったかのように*。

当時のことを回想するたびに、ショパンの心には、深い感動と大きな感謝の気持ちが込み上げてきた。彼は、すでに一生分の幸福を味わったとでもいうかのように、現在に幸せを求めなくなった。あの至福の時間、女の愛の優しさと、真の天才の華々しいひらめきとが、交互に時を刻んでいた――。まるで〈リンネの花時計〉のように――。多様な花の萼《がく》が、順番に、それぞれの美を広げては閉じて、異なる芳香と色彩とによって時を刻んでいたのだ――。

女流詩人と音楽家がともに旅した異国の島の美しさは、特に前者に対して顕著な感動をあたえた。無論、ショパンも自然の魅力に大きな感銘を受けたには違いないが、それはサンド夫人の場合ほど明瞭なものではなかったようである。彼の魂はその魅力的な光景に感動して揺さぶられたが、彼の知性はそれを分析したり分類したりする必要を感じなかった。彼の心は世にも美しい風景に呼応して打ち震えたが、彼の理性はその静かな感動の由来を知ることができなかった。真の音楽家であった彼は、訪れた場所に漂っている情緒を捉えることに楽しみを見出だしたが、一方で、自分の芸術様式と調和することも、自分の崇高な精神世界に受け入れられることもないような、人工的な街並みや〈絵になる観光名所〉などには、少しの注意しか払っていないようだった。しかしながら、彼のような病気がちな人によく見られる事実であるが、その場では――ちょうど香《こう》の煙が振り香炉《スリブル》を包み込んでしまうように――感情の霧に覆われて見えなかったものが、時間的にも地理的にもそこから遠ざかっていくにつれて、いっそう生き生きと脳裏に訴えかけてくることがある。ショパンは、幸せな日々が過ぎ去ってから、何度も当時のことを語った――まるで喜びに満ちた思い出のように。だが実のところは、幸福に包み込まれていたときにはその喜びを十分に噛みしめていなかったのである。

ショパンは幼い子供のように純粋に、ありのままの風景を楽しんでいた。あの心躍るような幼少期に、我々の誰もが、細かい吟味などせずに、周りの景色をただ眺めては深く感動していたように――。そして、そのずっとあとになってから、個々の要素の美しさに気付いたように――。我々の目に詳細な美が浮かび上がるのは、いつもそれが見えなくなってからなのである。さらにいえば、詩的な幸福の舞台となった風光明媚なスペインの地をショパンが仔細に調べ上げなかったのは、単にその必要がなかったからかもしれない。自然を愛する霊感豊かな同行者が、いつも小さな美を見つけ出

＊『ルクレツィア・フロリアニ』より

ギリシア火薬

してはそれを見事に描写していたに違いないのだから。真っ赤に染められたガラスを通すとすべての物体が——そして全体の情調までもが——炎の色に変わってしまうように、彼もまた、愛する人の燃えるような網膜を通してスペインの心地よい風景を見つめていたのかもしれなかった。なんといっても、彼の病室を担当した看護婦は、情熱的な芸術家でもあったのだから！　こんなにも美しい資質の組み合わせがあるだろうか！　もし、母なる自然が優しさと献身的な愛情の深みに——すなわち、うっとりするほど魅力的な、真実の〈女の帝国〉に——もっとも輝かしい知性を結び付けたなら、古代のギリシア火薬[18]が見せたあの奇跡的な美しさが復活するのかもしれない！　あの光り輝く火炎が、ふたたび、海上を舞うのかもしれない！　燃え尽きることも、冷たい水面に沈むこともなく、大きくうねる波に鮮烈な光を浴びせながら！　天国を映すような美しい青色をした海洋に、紫色の炎の華やかな色調を加えながら！——

果たして、天才という人種は、完全な自己犠牲と崇高な謙遜の境地にたどり着き、自らの〈優しさ〉を〈献身〉という気高い名にふさわしいものへと昇華させ、その途方もない力によって、過去と未来になされる惜しみない犠牲のすべてを——勇敢かつ神聖な供犠《くぎ》[19]と、神秘的かつ徹底的な燔祭《はんさい》(20)のすべてを――、その場限りの移ろいゆくものでなく、変わることのない不滅のものへと高めうるのだろうか？　果たして、天才として正当かつ独占的に権利を行使することと、女としてそれらすべての権利を放棄することは、両立しうるのだろうか？　天与の才能から生じる気高い紫色の火炎は、果たして、女の運命という清らかな滄海《そうかい》のうえで美しく燃え上がりうるのだろうか？――

(1)　ピグマリオンはギリシア神話に登場する彫刻師。現実の女に失望し、理想の女であるガラテイアを彫刻したところ、これに恋焦がれるようになった。
(2)　バイロンの詩『ララ』の主人公。
(3)　バイロンの劇詩『マンフレッド』の主人公。
(4)　バイロンの戯曲『カイン』の主人公。
(5)　ギリシア神話に登場する女だけの狩猟部族。
(6)　ギリシア神話に登場する女の怪物。視線一つで人間を石化させた。
(7)　一七世紀のスペインの伝説上の人物。美男で好色なことで知られる。
(8)　『レリア』に登場する詩人。
(9)　ドン・ファンに誘惑され、婚約した挙句に捨てられた女。

(10) ここではバイロンの詩『タッソーの嘆き』を踏まえている。

(11) アーサー王物語に登場する魔女。イタリアでは、彼女の城がエトナ山の上空に浮かんでいるという言い伝えがあった。

(12) ジョルジュ・サンドの小説『アンドレ』に登場する人物。

(13) エルンスト・テオドール・アマデウス・ホフマン（Ernst Theodor Amadeus Hoffmann, 1776–1822）。ドイツの小説家。現実と幻想とが入り混じる独特の世界観を生み出した。代表作には『黄金の壺』や『砂男』などがある。

(14) ウォルター・スコット（Walter Scott, 1771–1832）。スコットランドの詩人、小説家。ロマン主義作家として、『ウェイヴァリー』などの歴史小説で名声を博した。

(15) 地中海に浮かぶスペインの島。

(16) ゲーテの小説『ヴィルヘルム・マイスターの修業時代』の登場人物。

(17) ガラスに描かれた画像を幕などに投影する一種の映写機。

(18) 東ローマ帝国で使用された兵器。主に海戦で用いられ、コンスタンティノープルをアラブ軍の侵攻から守ることに貢献した。

(19) 生贄を供えること。

(20) 生贄を祭壇で焼いて神に捧げる儀式。

第八章　ショパンの最期

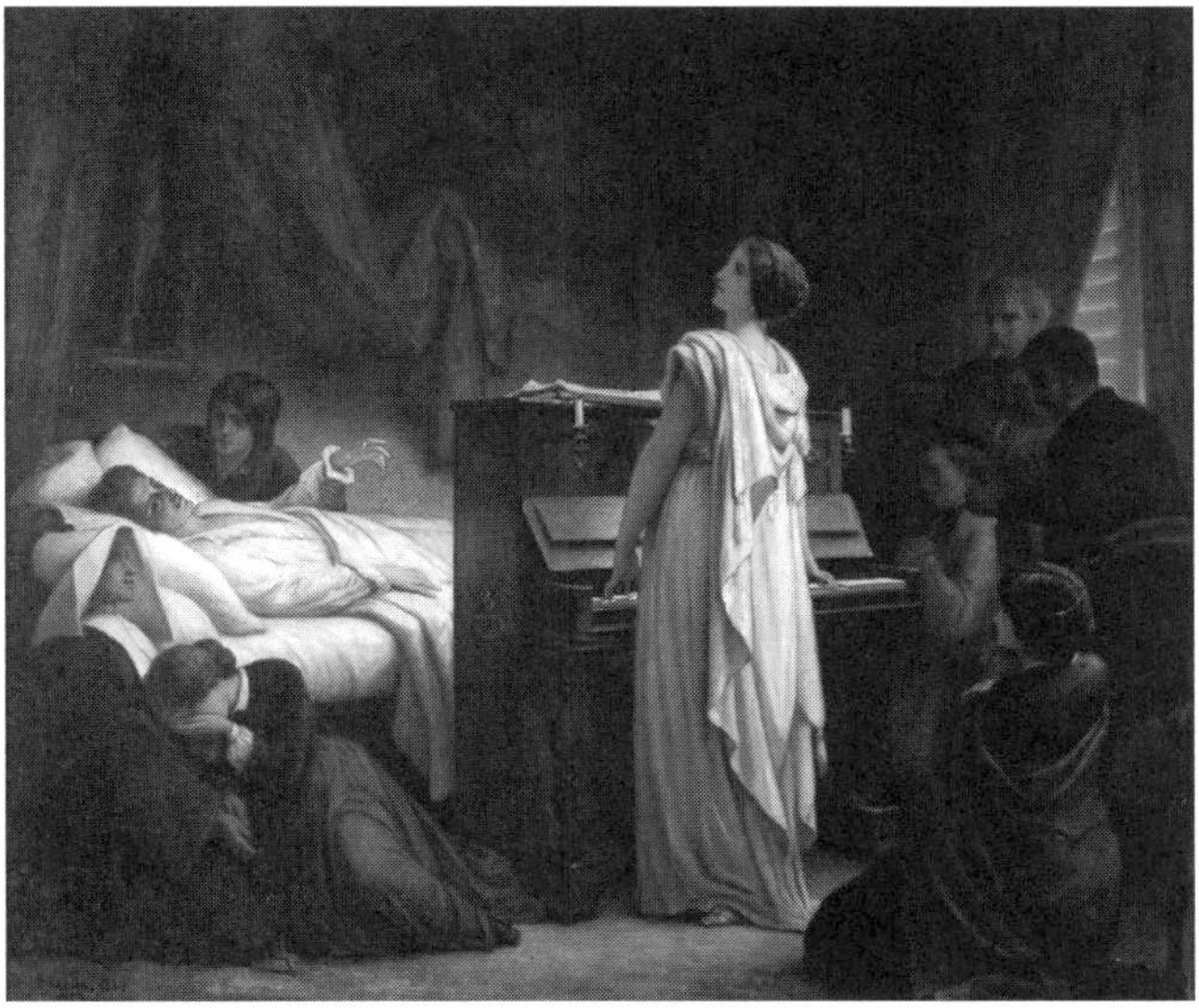

"Death of Chopin." (1885) by Félix-Joseph Barrias

愛の記憶

一八四〇年以降、様々な環境の変化のなかで、ショパンの健康状態は悪化の一途をたどった。何年かの間、彼はノアン[1]にあるサンド夫人の別荘へ行き、悩みの少ない穏やかな時間を過ごした。毎年、夏の間はそこで作曲に精を出し、冬が訪れると、新しい曲を持ってパリへ戻った。だが、パリで過ごす厳しい冬のせいで彼の病状は年々悪くなり、ついには満足に身体を動かすことすら難しくなった。一八四六年にもなると、もうほとんど歩くこともできない有り様だった。階段でも上ろうものなら、呼吸困難の症状に見舞われた。そんな状態ではあったが、周囲の人々の継続的な手助けと用心のおかげで、なんとか命だけは繋ぎ止められていた。

そして、一八四七年の春にかけて、彼は日に日に衰弱していくのだが、運悪く、風邪にもかかってしまう。もはやこれまでかと思われたが、ショパンはこのときもまた一命を取り留めてくれた——とはいえ、この時期には、ある暗い出来事のために、彼は死のごとき苦痛を味わうこととなったが。実際、彼はサンド夫人との破局を迎えたあと、その苦悩を乗り越えて長く生きていくことができなかった。スタール夫人[2]は、思いやりと情熱にあふれ、繊細かつ力強い知性を備えた人であったが、時折、ある種の学問的な言い回しによって物事の奔放な優美さを手放し、自らの文章を重苦しいものにしてしまう癖があった。その彼女が、あるとき、感情の高まりのために、ジュネーヴ風の堅苦しい威厳を添えるのを忘れて、衝動的に口にした言葉がある。

すべては、あの愛の始まりのせい！
（QUE DES COMMENCEMENTS!）

これは、愛という美しく幸福な夢を追うには人間の心があまりに弱く不安定なものであることを知った人の、痛烈な叫びである。ああ、もし本当に、スタール夫人の述べた通り、どれほど献身的な愛情であっても結局は陰鬱な運命を免れないのだとすれば、我々は永遠に自らの感情に裏切られ続けていることになるではないか！　つまり、我々は、疑いの感情に支配されて忘恩と不信に狂うあまり、人々の〈心からの親切〉を〈腹黒い思惑〉と取り違え、しかも、愚かにも、古代の美しいカネフォロス(3)の列を、人類愛の寓話的な象徴と取り違えているのかもしれない――乙女らの頭上に見える香り高く繊細な花々は、実際には、供物台に捧げられる哀れな生贄《いけにえ》を飾り立てるためのものであるというのに！

ショパンはその後も頻繁に――しかも誰に尋ねられたわけでもなく――サンド夫人のことを話したが、恨みごとを言ったり、批判したりすることはなかった。夫人の名を口に出すたびに、彼の頬を涙が伝った。そんな一種のほろ苦い気持ちを感じながらも、彼は過ぎ去った日々の幸せな記憶に逃げ込み、現実から目を背け続けた。思い出に浸っては、激しく興奮していた。見かねた友人たちが、様々な話を持ち出して、あの手この手で彼を記憶の世界から連れ出そうとしたが、その努力も空しく、ショパンはすぐにまた記憶のなかへ帰ってしまうのだった。ショパンは、痛ましいほどに、自らの心に幸福な記憶を殺到させた――まるで、かつて自分の人生に明かりを灯してくれた幸せな感情によって、その生命の灯火をもみ消したいとばかりに。彼にとっての最後の喜びは、記憶の大波を起こして自らの最後の希望を消し去ることであるらしかった。自身が大切に守り抜いてきた苦い記憶――あるいは破滅の呪文――のもとで、彼の生命力は急速に衰えていった。どれだけ手を尽くしても、彼の関心を他の物事へそらすことはできなかった。心の落ち着きを取り戻すことよりも、頭から離れない一つの事柄についてひたすら語り続けることを望んでいるようだった。黙っているときでさえも、常にそのことを考え続けていたに違いなかった。あるいは、自分の周りに漂う毒気《どっき》を懸命に吸い込むことで、それにむしばまれる時間を短くしたかったのだろうか?

たしかに、彼の肉体がすでに壊滅的な状態にあったことを考えれば、少々あがいてみたところで先が短いことに変わりはなかったのかもしれない。とはいえ、少なくとも、臨終の時を覆う暗い苦痛の雲から抜け出すことくらいは十分にできたであろうに! 彼の魂は、優しさと情熱を兼ね備えた一方で、潔癖性と極端な繊細さという厄介な性質をもっていたから、ショパンは、自身が呼び起こした輝かしい幻影に囲まれていない限り、息をすることができなかった。また、そうすることによってしか、幸せな過去を偲ばせる断片として後生大事に携えてきた深い悲しみの感情を追い払うことができなかった。彼もまた、異なる性格の男女の間に生じる〈短命な愛〉の犠牲となったのだ。初対面の瞬間に感じた喜びと驚きを永遠のものと信じて疑わず、その不確かな土台の上に、知らず知らずのうちに、希望と幻想の世界を築いてしまった。これまでも多くの偉大な人物が〈短命な愛〉に身をやつしてきたが、そうした人物は、例外なく、誰よりも深く感動する心をもっている。そして、誰よりも強く純粋に信じているのだ――希望と愛情を。だからこそ、死んだ希望も朽ちた愛情も自らの意思で取り外すことができず、また、夢から覚めてその悲しい残骸を眺めることにも耐えられないのである！　ああ、最高の魂を手に入れたばかりに、身を滅ぼしてしまおうとは！　パエトーン[4]が〈太陽の二輪戦車《チャリオット》〉をうまく操れずに暴走させて美しい地上を火の海にしてしまったように、素晴らしい資質は、結果として、荒廃と火炎をもたらしてしまった！　ショパンはよく言っていた――夫人との長い連帯が破局を迎えて、その強い絆が断ち切られると、まるで自分の生命からも切り離されていくような感じがした、と。

この一八四七年の冬、彼の病はもう数日ともたないのではないかと思われるほどだった。ショパンのもっとも著名な弟子であり、晩年においてはもっとも親しい友人でもあったグートマン氏[5]は、弱り果てた詩人に対して、心からの優しさと思いやりを注いでいた。グートマン氏の介抱と気配りは何よりもショパンを慰めた。あるとき、病人らしい臆病さと彼らしい繊細な優しさから、ショパンはチャルトリスカ公爵夫人[6]に尋ねた（彼女もまた、翌日にはショパンの生きた姿が見られなくなるのではないかとしきりに心配して、毎日彼のもとを見舞っていた）。

「彼もそろそろ疲れているのではないですか？」

そして、侯爵夫人が「いいえ、きっとグートマン様はこれからも来ていただけると思います」と答えたところ、ショパンはこう付け加えた、

「彼が来てくれると、特に幸せな気持ちになるのです。」

このときは体調が良くなるまでにかなりの時間がかかり、それどころか、一目見ただけでは彼が生きているのかどうかも定かでなかった。彼の容貌はほとんど別人のようになっていた。それでも、夏の訪れとともに、苦しみは次第に和らいでいった。やはり、暖かい季節というのは、気まぐれに瀕死の人を助けることがあるのだろう。ショパンはもうノアンの別荘へ行くわけにもいかなかったから、田舎の美しい空気や生命力あふれる自然の魅力に触れることはあきらめて、その夏はパリに残ることにした。

グートマン

ロンドンへ

一八四七年から一八四八年にかけての冬、彼の病状は一進一退を続け、少し良くなってはまた悪化するのを繰り返していた。しかしながら、そのような状態ではあったが、ショパンはかねて計画し

ていたロンドンでの演奏会を実行に移したいと考えるようになった。そして、二月革命(7)が勃発すると、彼はまだほとんど寝たきりの状態であったのに、痛々しくも、この目下の大事件に関心を払おうと努めて、そのことばかり話すのだった。グートマン氏は、相変わらず、ショパンの最愛の友として身の回りの世話をしに来ていた。ショパンも彼の介抱をありがたく思って、死ぬときまで受け入れ続けた。四月に入ってからは体調も良くなったので、彼はとうとう、青春時代から頭を離れなかった〈ロンドンへの演奏旅行〉を現実のものにしようと決心した。彼はついに出発したのだ、すでに彼の作品が有名になり、耳の肥えた人々に受け入れられ、多くの尊敬を集めていた、英国の土地へ向かって――。

当時の英国では、ショパンの作品はすでによく知られていて、大変な人気があった。音楽界屈指の素晴らしい演奏家たちが好んで彼の曲を弾いていたのである。ウェッセル・アンド・ステイプルトン社によってロンドンで出版された冊子『ザ・ミュージカル・ワールド』には、『フレデリック・ショパンの作品についての考察』という見出しのもとで純粋な論評が綴《つづ》られたが、この小冊子に添えられた二行の短文《エピグラフ》は実に気がきいていた。シェリーの詩から引用されたこの言葉は、まさにショパンのためにあるのではないかと思えるほどだ。

彼は偉大なる詩人であり、そして、
繊細な心をもつ心理学者であった。

この記事の著者は力説している。ショパンという「独創的な天才」がいかに「進歩的で」、いかに「衒学趣味《げんがく》とも無縁」であるかを。そして、「純真でありながらも物悲しい魂」からあふれ出る「あの音楽的な涙が、あのほとばしるような純粋な喜びが、あのはかなくも優雅な感情が、あの無限小の繊細さが」、いかに「彼の作品の価値を高めて」いるのかを。それから著者は繰り返す、

一つ、明確なことがある。ショパンの前奏曲《プレリュード》や練習曲《エチュード》を然るべき感情と正しい解釈によって演奏することは、完成されたピアニストとしての証明にほかならない。そして、さらにいえば、それらの作品を徹底的に理解し、随所にあふれる感動的な陰翳に生命を吹き込むことは、その人がピアニストであると同時に詩人であり、音楽家であると同時に思想家でもあることを裏付ける。ショパンはそのすべての作品において、凡俗な表現を本能的に避けている。彼の作品を全部残らずくまなく探してみたところで、一つの陳腐な律動も、一つの退屈な主題も、一つの低劣な癖をもつ旋律も、一つの使い古された楽節も、一つの貧弱な和声も、一つの未熟な対位法も、見つけることはできないだろう。そして気付かされるのだ、彼の音楽を満たしている素晴らしい美点に。風変わりでありながらも美しい情緒——。独特でありながらも見事な響き——。まったく前例にとらわれない意外なものであるにもかかわらず、鮮明で、生き生きとしていて、印象的な、旋律と和声——。彼の作品のうちのどれか一曲でも弾いてみたなら、諸君はきっと、ショパン以外の誰も見たことのない妖精の国に足を踏み入れ、この偉大な作曲家だけが行き来した小道に立ち

入ったような心地がするに違いない。そして、その世界の美しさを正当に評価するには、諸君の信仰が、献身が、理解への欲求が、そして共感への決意が、ぜひとも必要なのである。ショパンはそのポロネーズとマズルカのなかで、彼の祖国ポーランドの音楽にしか見られない、特異な性質を描き出そうとしている。あの独特な野蛮さ――。あの特殊な空想性――。そして、子音の組み合わせに富む言語が話される国々の音楽をはっきりと特徴付ける、あの悲嘆と歓喜の絶妙な交わり――。

ショパンはフランスを発《た》った、英国人のいう〈浮かない気持ち《ロー・スピリッツ》〉で。二月革命の政変に向けられていた関心はすでに消え去り、彼はいつにも増して寡黙になっていた。何かの拍子に、一言か二言、口をついて出てきたとしても、それは決まって後悔の叫びだった。彼は当時も限られた数の友人や親族と会い続けていたが、彼らに対する愛情は、永遠の別れに先立って生じるあの悲痛な感情を増幅させた。芸術だけがショパンを救う力をもっていた。パリで過ごす残りの日々が刻一刻と短くなったが、音楽だけは彼の暗い気分を紛らせてくれた。ショパンは生命力と希望に燃えていた若い頃と同じくらい音楽に没頭した。パリを発つまえには、プレイエル氏のサロンで演奏会を開いている。プレイエル氏は、ショパンとの間に揺るぎなく、身近で、親切な、素晴らしい友情を築き、最近では、ショパンの人生に然るべき敬意を捧げようとして、彼の墓碑を建てるために奮闘してきたことでも知られる人である。ショパンとの付き合いを続けていた誠実な人々にとっては、この演奏会が彼の演奏を聴く最後の機会となった。

ショパンはロンドンで熱烈に受け入れられた。このことは悲しみと憂鬱を振り払うのにいくらか役立ったようである。彼は、もしかすると、以前の習慣を忘れてしまえば憂鬱にも打ち勝てるはずだと信じていたのかもしれない。医者からの指示は無視され、惨めな健康状態を思い出させるような忠告もほとんどが忘失された。ショパンは公の場で二度の演奏会を開き、そのうえ、夜会のような私的な集まりでも頻繁に演奏した。幾度も社交の場に顔を出し、夜遅くまで起きては、少しも健康に配慮することなく自らを相当な疲労にさらした。

サザーランド公爵夫人の計らいで、彼は女王陛下に謁見《えっけん》した。ロンドン社交界を代表するような人々とも挨拶を交わした。それからショパンはエディンバラへ足を運ぶのだが、そこの気候は彼にとっては特に厳しいものだった。スコットランドから帰る際にはすっかり衰弱してしまっていた。医者たちは一刻も早くショパンに英国を発たせようとしたが、彼は色々と理由を付けて、しばらく出発を後らせた(いったいどのような気持ちで、この出発を後らせたのだろうか……)。そしてショパンは、英国にいるポーランド人のためにと、またも演奏会を開いた。それは愛する祖国へ捧げる最後の愛のしるしであった。最後の一瞥《いちべつ》——。最後のため息——。最後の後悔——。ショパンは同郷の人々に囲まれて手厚くもてなされ、拍手喝采を受けた。彼は一同に向かって別れを告げたが、それが永遠の別れであることを知る人はいなかった。パリへ向かって海峡を渡るとき、どれほど悲愴な感情が彼の胸に込み上げてきたことだろう……! そのパリにしてみても、もう、すっかり別のものとなり果てていたのだ……! 若きショパンが行きがかり上たどり着いた、一八三一年のあの街とは……!

労働と忘却

パリへ帰ると同時に、予期しない悲しい報《しら》せが届いた。それは、モラン博士が死去したという報せだった。この人こそは、適切な助言と深い理解に基づいた処方を通して一八四七年のときの深刻な病状からショパンを救い出してくれた、一番信頼のおける医者であったのだが。ショパンにとって、モラン博士を失うことは生きる希望を失うに等しかった。そして、病気の進行を食い止めるには健全な精神が何より大事であるのに、彼は悲愴な思い込みにとらわれてしまった。つまり、どんな医者にもモラン博士の代わりは務まらず、どんな医術にも信用を寄せることはできないのだと。それからというもの、彼はどの医家にも満足せず、どの医学的知識にも期待せず、次から次へと医者を変えるようになった。一種の迷信的な憂鬱に取り憑かれていた。この苦々しい無気力に立ち向かう術はもう残されていなかった。一八四八年の冬からは、とうとう作曲することさえままならなくなった。

時折、書きかけの楽譜に手を加えようとしてみても、自分の着想をうまくまとめて形にすることができなかった。そのうちに、ショパンは、自らの築いてきた名声のためにも、これらの細切れの楽譜は処分されなくてはならないと考えるようになった。彼は恐れたのだ――自分のあずかり知らぬところで、それらが骨抜きにされ、歪められ、遺作として変形され、世にさらされてしまうことを。だから彼の遺作には、まるで餞別品のように、ごく短いワルツや夜想曲《ノクターン》などがあるだけなのである。

晩年のショパンは一つの事業を計画した。長年の地道な研究と、斬新な発明と、知的探求の成果として、ピアノ音楽という芸術の理論や技術について、自らの知見をまとめた本を書くことを考えたのである。これは大変な仕事で、もともと勤勉なショパンのような人間にとってもいっそうの専念が必要とされた。ことによると、ショパンはこういう味気ない仕事に精を出して芸術的な情緒（これは、精神の落ち着きを保っているときと心の荒廃に苦しんでいるときとでは、まったく正反対に作用するものなのだ）から距離を取ろうとしたのかもしれない。ショパンには黙々と打ち込める何かが必要だった。彼はまさに、マンフレッドが精霊たちに乞い続けたあの〈忘却〉を、この仕事のなかに乞うたのである。忘却――。陽気な娯楽によっても無気力な静けさによっても決して得ることのできない唯一のもの――！　むやみに手を伸ばそうものなら、いっそう悲痛な仕打ちによって報いを受ける――！　ショパンは「魂の嵐を鎮め」てくれる日々の労働に打ち込むことで、その〈忘却〉を手に入れようとしたのだろう。無味乾燥とした仕事というのは、記憶の働きをほとんど必要としないがゆえに、心の痛みを軽くしてくれるものであるから。『理想』という詩において癒えることのない苦悩を歌い上げた詩人シラー[8]も、苦い後悔に襲われたときには労働にいそしんでいた。この人もまた、自らの人生が長くないことを予感しながらも、絶え間ない苦悩から逃れるための最後のよりどころとして、労働のなかに救済を求めたのである。

それなのにお前ときたら、喜んで、彼女と所帯を持った、

甘美な労働、喜びをあたえてくれる労働によって、
魂の嵐を鎮めようとして、
多くの労力が要れば、それだけ病みつきになる、
たしかに、お前の積み上げる砂粒の山は、
どこまで積み上げても、終わりというのがない、
けれども、お前は少なくとも、
分も、日も、年も、もろとも、
〈時間〉という、人生の負債のすべてを、
帳消しにできる。*

しかしながら、ショパンにはこの計画をまっとうするだけの体力が残されていなかった。あまりに観念的で、骨の折れる仕事であったに違いない。彼は計画の骨子について入念に考えて、幾度かそれを口に出したりもしたようであるが、とうとうこの本が完成する日は来なかった。結局、数頁だけは書かれたのだが、それらもほかのものと一緒に焼き捨てられてしまった。

*シラーの詩『理想』からの引用

最期の日々

彼の病気は明らかに悪化していた。友人たちの表情にも絶望の暗い影が見て取れた。ベッドから起き上がることも、口をきくことも、もうほとんどなくなっていた。姉のルドヴィカは、この報せを聞くなりワルシャワから駆けつけてきて、ショパンの枕元で付ききりになって看病した。ショパンはベッドに横たわりながら、家族や友人たちが嘆き、苦悩し、暗い予感に襲われるのを、態度一つ変えずに見つめていた。彼はキリスト教徒らしい落ち着きのなかで死を覚悟していたのである。しかし一方で、未来への準備を怠ることもなかった。もともと引っ越しをするのが好きだった彼は、この期に及んでもなお、別の住居に移ることを決めて、家具の配置をまた一から考え直し、しかも、どんな些細な小物の飾り方さえ人任せにせず、すべて自分で考えようとしたのだった。彼は内装に強いこだわりをもっていて、絶対に自分の指図を取り下げなかったから、挙句の果てには、死の当日にさえ、彼が二度と生活することのないいくつかの部屋に家具が運び込まれていたのである。

ショパンは死に裏切られることを恐れたのだろうか？　つまり死が——彼に向けて冷たい手を伸ばしてきたはずの死が——結局彼を連れ去らず、地上に残して、また苦しみをあたえ続けるのではないかと恐れたのだろうか？　甘美な絆を断ち切られて生命から引き離されてしまった以上、もし生きながらえることになれば、そこには耐え難い苦しみが伴うはずだと予感したのだろうか？　あるいは、特別な気質をもった人々が運命的な事件の前夜にたびたび感じてきたような、一種の板挟みの影響があったのかもしれない。まだ見ぬ未来を生きて神秘的な謎を解き明かすのだという熱い心と、それに矛盾して、来るべき運命の不確かな混沌に立ち入ることを恐れる、冷たく臆病な頭脳――。心と頭脳のそれぞれに生じる予感が互いに調和を欠いてしまうと、もっとも屈強な精神をもつ人々でさえ、しばしばその行動と発言に矛盾をきたすようになる――どちらも究極的には一つの確信から生じているにもかかわらず。ショパンもまた、心にこだまする預言者のささやきと、いぶかしがる頭脳を満たしていく疑念との、どうにもならない対立の間で苦しんでいたのだろうか?

一週間ごとに、そして少しすると、一日ごとに、死の冷たい影が色濃くショパンを覆うようになった。死の時が迫っていた。苦痛はいっそう激しさを増し、それに伴って、悶えるような叫びも頻繁に聞こえるようになった。もはや誰の目にもこれが死の苦しみであることは明らかだった。それでも、ショパンは最後まで自分の意識を保ち、激しい苦痛の合間にはしっかりとした意思を垣間見せた。明瞭な思考も、正確な知覚も、失われることはなかった。苦しみの切れ間に述べられた願いからは、彼が冷静かつ真剣に死と向き合っていることが窺われた。

「できれば、ベッリーニ(9)の隣に埋葬してほしい。」

ベッリーニはパリに住んでいた時分にはとても親しくショパンと付き合い、一八三五年に短い生涯を終えてからは、ペール・ラシェーズ墓地(10)でケルビーニ(11)と並んで眠っていた。もともと、ショパンが一八三一年にウィーンを離れてロンドンへ向かう道中で、パリにも少し立ち寄ってみたのは(実際

ベッリーニ

ケルビーニ

にはずっとこの街に留まる運命であったが！）、一つには、このケルビーニを敬愛していて、彼と知り合いになりたいと思ったからだった。ショパンは今、ベッリーニとケルビーニの間で眠っている。この二人の天才はどちらもまったく異なる魅力を有したのだが、ショパンはその両方に等しく惹かれて、ベッリーニの情熱的な創造性とケルビーニの卓越した学識を、どちらも同じだけ高く評価して尊敬していたのだった。彼は《ノルマ》[12]を世に出した作曲家の旋律的感性に共鳴しながら、他方では、理知的な老教授の深遠な和声にもあこがれた。この二人の優れた特質を——感情の向くままに紡がれる夢のような旋律と、論理的に完成された最高の学識を——一つの理想的で格調高い様式のなかに結び付けたいと願いながら。

　ショパンは最後の最後まで慎み深くふるまった。誰それを一目見たいというようなことは言わずに、見舞いに来てくれたすべての人に最大限の感謝を示した。だが、一〇月の二週目になる頃には、疑念も、希望も、消え去っていた。運命の瞬間が迫っていた。次の日には、いや、次の一時間には、その瞬間が訪れるかもしれなかった。姉のルドヴィカとグートマン氏は常にベッドの横に座って、片時もショパンのそばを離れなかった。デルフィナ・ポトツカ伯爵夫人も、ちょうどパリを離れていたところではあったが、危篤の報せを聞くなり急いで戻ってきた。瀕死の音楽家のもとに集まったすべての友人が、彼が死の苦しみに悶える様子を見て、その場に立ち尽くした。

我々の心を燃え立たせる情熱がどれほど情緒にうとく軽率なものであろうとも、また、破滅的な不測の事態を前にしてどのような強靭な精神力や鈍い無関心が示されようとも、少しずつ近付いてくる美しい死の、あの堂々たる威厳だけは、平然と眺めていられるものではない。神聖な感情や崇高な情緒にはまったく縁のない人間であっても、その光景を見ると、心が震え、目頭が熱くなり、魅了され、気高い感情に包まれるものである。友の一人が未知の岸辺へ向かって静かに旅立っていく姿や、彼が明かすことのなかった神秘的な願いや、時間と永遠とのわずかな境目に足をつけるときに彼の心に込み上げる過去の出来事や若き日の思想は、ほかの何よりも深く我々を感動させる。猛烈な嵐と大波に遭い、木端《こっぱ》のごとく突き上げられ、揺さぶられ、今にも崩れてしまいそうな船舶――。大砲から陰鬱な煙が漂い、戦場に流される血液――。我々の住み家をおぞましい納骨室へと変えてしまう強力な伝染病――。まばゆい炎で町全体を焼き尽くしていく大火災――。我々の足下に広がる底なしの闇――。こうした突然の出来事がいかに悲劇的なものであろうと、自らの運命を悟って静かに死を受け入れていく友人の姿ほどには、我々の心に強烈な感情を生じさせない。我々のあらゆる本能に矛盾し、しかも避けることのできない、死という現象に対して、勇気や、あきらめや、気高さや、感情が、正面から向き合っていく様子というのは、どんなに恐ろしい悲劇よりも――静かな苦悩や厳粛な瞑想どころではない、どんなにひどい混沌よりも――見る者に強烈な印象をあたえるものなのである。

ショパンが横たわる寝室の隣には居間があって、常に何人かの友人がそこに控えていた。彼らは、一人ずつ順番にショパンの枕元へ近付いては、もはや口をきくこともできなくなった彼の表情のなかから、わずかな反応とかすかな愛情のしるしを見つけようとした。一〇月一五日の日曜日になると、苦痛はいっそう激しさを増し、休む間もなく襲ってきた。数時間にわたって続くこともあった。ショパンは途方もない忍耐力と精神力でこの発作に耐えていた――その場に居合わせたデルフィナ・ポトツカ伯爵夫人をひどく動揺させ、大量の涙を流させてしまうほどに。ショパンはベッドの横に立つ夫人の姿を目に焼きつけたことだろう。すらりとして、背が高く、白い衣服をまとった、まるで敬虔な画家の描き出す美しい天使のような姿を。それはまさしく神の使いの姿であった。そして、苦しみがわずかに途切れるのを感じて、ショパンは夫人に歌を歌ってほしいと頼んだ。周りに集まっていた人々は、彼が何かの幻覚を見ているのではないかと心配したが、それでもショパンは執念深く夫人の歌を乞い続けた――もはや、これが真摯な願いであることに疑いの余地はなかった。居間から寝室へとピアノが運び込まれた。そして、美しい歌声が――彼と同じポーランドの土地に生まれた才能豊かな夫人の歌声が――、彼女の頬を流れ落ちる涙とともに、彼に届けられた。夫人の魅力的な歌声にこのときほど深い哀愁が込められたことはなかった。夫人の歌を聴くうちに、ショパンの苦しみは少し軽くなったようだった。ポトツカ伯爵夫人が歌ったのは、ストラデッラを死の危機から救ったとされる、有名な聖母マリアへの賛歌(13)であった。

「なんて美しいのだろう！」ショパンは思わず叫んだ、「ああ、本当に美しい……！　もう一度……どうかもう一度……！」

夫人は今にも感情に押しつぶされてしまいそうだったが、気高い意志の力を見せて、共通の祖国をもつ友人の最後の願いに応じた。ふたたびピアノの前に戻って、マルチェロの賛歌を歌い始めた――。ショパンの容態がまた悪くなった。友人たちは恐怖に襲われて、衝動的にひざまずいて祈った。誰も声を出す者はない。神聖な静寂のなかで、まるで天国から届けられた調べのように、ただ伯爵夫人の歌声だけが響いた――ため息とむせび泣きの重く悲しい伴奏に乗せて。

やがて日が沈み、部屋は不気味な薄明りに包まれた。息絶えていくようなかすかな残光が、この悲劇をいっそう神秘的なものにしていた。ショパンの姉は、ベッドのそばの地面に伏して、涙を流しながら祈っていた――そして、愛する弟の心臓が動き続ける限り、決してこの哀願の姿勢をやめようとはしなかった。

その夜、ショパンの病状はいっそう悪化したが、月曜日の朝を迎える頃には少し落ち着いていた。彼は、この慈悲深いひとときを待っていたかのように、今すぐに臨終の聖餐《せいさん》を受けたいと伝えた。ショパンには祖国を出て以来親しく付き合っていた神父がいたが、このときは来られなかったので、代わりに、もっとも名高いポーランド系移民の一人として知られるイェウォヴィツキ神父を呼ぶことにした。塗油《とゆ》の秘蹟《ひせき》が行なわれる間、彼は最愛の友人らに囲まれながら深い祈りを捧げていた。それが終わるとショパンは彼らを一人ずつベッドのそばへ呼び、最後の祝福の言葉を伝えた。彼らの人生に、彼らの愛情に、そして彼らの希望に、神の恩寵があたえられることを熱心に祈りながら。その場の全員が膝を折り、身を屈めた——。すべての目から涙があふれ出し、すべての心が悲しみに沈み、すべての魂が気高い感情に包まれた——。

そのあとは、一日中、激しい発作が続いた。月曜日の夜から深夜にかけては、ショパンは一言も口をきくことができず、周りの人の顔さえわからないようだった。午後一一時頃には、少し容態が良くなったように見えた。イェウォヴィツキ神父はまだずっと部屋に残っていた。ショパンは最後の気力を振り絞って、臨終のための祈りの言葉を一緒に唱えてほしいと神父に頼んだ。神父の声に続いて、聞き取ることのできるしっかりとした声が響いた。このときから死の瞬間まで、ショパンはグートマン氏の肩に寄りかかっていた——誰よりも長い間、昼夜を問わず介抱を続けてくれたことへの大きな感謝の気持ちとともに。

彼は激しい苦痛と朦朧とした意識のなかで一八四九年一〇月一七日を迎えた。午前二時頃、最後の苦しみが始まった。彼の額からは大量の冷や汗が流れた。それから、少し微睡《まどろ》んだあとに、かすかな声を発した。

「そこにいるのは誰?」

そして、返事を聞くと、彼は身を屈めて、グートマン氏の手に接吻《キス》をした。こうして、最後まで愛と感謝を示しながら、音楽家の魂はそのあまりにも繊細な肉体のもとを離れていった——。彼は愛のなかに生き、愛のなかに死んだ。そして、居間の扉が開けられると、友人たちは彼の亡骸の周りに押し寄せ、終わりのない、大粒の涙を流したのである。

ショパンが花を愛したことは有名だったので、翌日には無数の花々が持ち込まれ、彼の眠るベッドを、そしてついにはその部屋全体を、多種多様な美しい色彩で埋め尽くすこととなった。彼は薔薇園でうたた寝をしているかのようだった。その顔には、若き日の美しさと、純粋な表情と、長らく見ることのなかった安らぎが戻っていた。ずっと苦しみのなかに埋もれていた本来の若々しい魅力を取り戻して、ショパンは静かに、自らの愛した花々に囲まれながら、最後の長く深い眠りについたのである。彫刻家のクレサンジェ氏[14]は、その繊細な顔つきをスケッチに写し取ると、それをもとにして、後日、ショパンの墓を飾る大理石の記念碑を完成させた。

ショパンは、モーツァルトに対する尊敬と称賛の気持ちから、自分の葬式では彼の《レクイエム》[15]を演奏してほしい、と口にしていた。この願いは叶えられた。ショパンの葬式はマドレーヌ寺院において一八四九年一〇月三〇日に執り行なわれたが、この日まで延期されたのは、ひとえに、この偉大なる名曲を立派に――そして、オーストリアの巨匠と、彼を慕っていたポーランドの天才の名誉に恥じぬように――演奏するためであった。パリを代表する音楽家がこぞって演奏を申し出た。式が始まると、ルベル氏[16]がこの日のために管弦楽用に編曲した《葬送行進曲》の響きとともに、入祭文《にゅうさいぶん》が唱えられた。奉献唱《ほうけんしょう》の際には、ルフェビュール＝ヴェリー氏[17]がショパンの愛すべき前奏曲《プレリュード》から《ロ短調》[18]と《ホ短調》[19]の二曲をオルガンで演奏した。《レクイエム》の独唱部は、ヴィアルド夫人[20]とキャステラン夫人[21]によって歌われた。一八二七年のベートーヴェンの埋葬式においてこの《レクイエム》の

《奇《く》しきラッパの響き》を歌っていたラブラーシュ氏[22]は、今回も同じ曲を歌った。マイアベーア氏は、アダム・チャルトリスキ公爵とともに、葬列の先頭に立った。ショパンの棺《ひつぎ》は、ドラクロワ氏、フランショーム氏[23]、グートマン氏、そしてアレクサンドル・チャルトリスキ公爵の四名の手で運ばれた。

終わりに

我々は、本書において、当初望んだほどには網羅的にショパンのことを語れなかったかもしれない。だが、もし足りない部分があったとしても、それらはフレデリック・ショパンという名の魅力だけで十分に補われるはずである。真摯な尊敬と、情熱的な敬意と、友を失ったことへの猛烈な悲しみを添えて、これらの文章を捧げよう、彼の作品と彼が愛したもののすべてを記念するためにこそ。そして、もし、これらの文章にまだ何かを付け加えるとしたら――、若き日の愛すべき仲間を死によって奪い去られた者の嘆きを――、若さゆえの幻想と誤解から結ばれながら後年になっても途切れることのなかった力強い青春の絆を死によって突然断ち切られた者の悲しみを――、まだ付け加えるとしたら――、我々は書かねばならない、わずか一年ばかりの間に、地上で巡り会った最愛の友を二人も失ってしまったことを。

一人は、一八四八年に起こった暴動のなかで不慮の死を遂げた。ああ、勇ましき悲劇の英雄よ！彼は最後まで恐ろしい死の苦しみに立ち向かいながら息絶えた。燃えるような勇気をくじかれることも、堂々たる落ち着きを乱されることも、騎士のごとき心意気を殺《そ》がれることもなく。彼は途方もない知性と、あふれ出す行動力と、並外れた能力をすべて兼ね備えた侯爵であった。その血管には赤く燃えたぎる若い血が流れていたのだ。折しも、その疲れ知らずの強靭な精神によって、自らの道をふさぐ障害物を取り除き、武芸で示した輝かしい成績と同じだけ卓越した才能を、内政問題に関する討論や執務の場においても発揮しかけたところであったのに。

　もう一人、つまり我々がこれまで回想してきたショパンは、ゆっくりと、自らの才能という焔に焼かれていった。世の中には姿形をもちえない真実がたしかに存在するように、ショパンの人生もまた、大衆的な世界には根を下ろすことができなかった。彼の生きた証は、その作品のなかにこそ認められる。彼は異国の地で生涯を終えたが、一度としてその地を自分の祖国と見做したことはなかった。自身の〈永遠の寡婦〉に対する愛情を、終生、固く守り続けたのである。慎み深く、複雑な謎を秘め、いつも悲痛な表情を浮かべた、悲劇的な詩人であった。

　リヒノフスキ侯爵[24]の死によって、我々はもう政治運動のなかに切迫した関心を感じなくなってしまった。ショパンの死によって、我々は知性と理解に満ちた友情から得られるはずの慰めを失ってしまった――我々の感情や芸術に向き合う姿勢に対してこの傑出した芸術家が示し続けてきた愛のある共感は、これからもずっと、我々が経験するであろう落胆や疲労を和らげ、我々に初志を貫かせ、最初の思想を全うさせてくれるはずであったのに。

　残された者の役目として、我々はせめてこの二人に心からの哀悼を示したいと思う。我々は、世を去った偉大な音楽家の墓の前で、こうして、終わりのない敬意と深い悲しみを表す運命にあったのだ。

音楽は今、一四世紀から一五世紀にかけて絵画の世界に起こったような、途方もない発展を目の当たりにしている。その当時、画家は自らの創造的才能を小さな羊皮紙のなかに留めて、ひたすら細密画《ミニアチュール》を描き続けていたが、そこにあるとき幸せな着想が芽生えたことで、とうとうビザンツ美術の堅苦しさは打ち砕かれ、きわめて優雅な型が後世にもたらされた。フランシアやペルジーノやラファエロといった画家たちは、この型を継承して、壁面やキャンバスのうえへ移し入れていった人々なのである。

偉大な人物や象徴的な出来事についての記憶を後世に伝えるために、石を積み重ねてピラミッドを建設する人々がいる。そして、名もなき万人の貢献によって、〈通りすがり〉の人々の手で一段ずつ積み上げられていくうちに、とうとう石材は思いがけない高さにまで達する。記念碑というのは、現代においてもほとんど同じようなやり方で建てられる。ただし、我々の時代では、考えなしに石塚を造って単なる記念にするのではなく、万人の素晴らしい連携を通して、未来の人々に向けて当時の情緒や感情を伝えられるような、より創造的な記念物を生み出すことが望まれている。それぞれの国や時代に輝きをあたえた人々の死に際し、彼らの彫像や高貴な墓碑を建てるために寄付という手段がよく用いられるのも、まさにこの理由からである。ショパンの死の直後にも、カミーユ・プレイエル氏がこの種の構想を練った。プレイエル氏も、クレサンジェ氏によって制作され、ペール・ラシェーズ墓地に建てられることとなったあの大理石の墓碑のために、募金を集めたのである（そして、大方の予想を裏切らず、瞬く間に相当な金額に達した）。

ショパンの死後、我々は思い返した。彼との長い友情を――。彼が音楽界に姿を現して以来、我々がずっと感じ続けてきた、並々ならぬ称賛の気持ちを――。彼と同じ音楽家として、そして、光栄にも彼に愛され、選ばれた解釈者として、幾度も彼の作品を演奏してその霊感に実体をあたえてきたことを――。また、我々が他の人々よりも頻繁に、彼自身の口からその芸術様式の精神を伝えられてきたことを――。そして、著者であり翻訳者でもあるという、長く終わりのない宿命のなかで彼がその作品のなかに打ち明けてきた感情が、ある程度、我々の芸術的理想と同一視されるものであったことを――。そうした事実を思い出すうちに、我々は自らの心に揺るぎない確信が生まれてくるのがわかった。つまり、これらの過去の出来事の連なりは、ショパンの仲間が彼に寄進しようとしている敬意のピラミッドに匿名の石を一つ積み重ねることよりも、いっそう高次で、いっそう濃密な責務を、我々に課しているのだと。そして、ショパンという名高い仲間のために込み上げてくる愛に満ちた友情は、深い哀悼や大きな称賛の気持ちをいっそう特別な方法で表現することを、我々に強く求めているのだと。だから、もし、我々の名を――そして我々の深い苦悩を――彼の墓石に刻み込むという名誉を請わなければ、我々は自らに嘘をつくことになると、そう思わずにはいられなかった。この名誉こそは、取り返しのつかない喪失によって残された決して埋まることのない空虚を、一生涯、心のなかに宿し続けていく人々にだけ許されるものであろうから。

フランツ・リスト

（1）Nohant. フランス中部の町。

（2）ジェルメーヌ・ド・スタール（Germaine de Staël, 1766–1817）。フランスの批評家、小説家。政治思想や文芸などについて多くの評論を残した。

（3）古代ギリシアにおいて、儀式に用いる花を頭上の籠に入れて運んだ乙女。

（4）ギリシア神話に登場する人物で、太陽神アポローンの息子。

（5）アドルフ・グートマン（Adolphe Gutmann, 1819–1882）。ドイツのピアニスト。一五歳のときにパリにやってきて、ショパンに弟子入りした。

（6）マルツェリーナ・チャルトリスカ（Marcelina Czartoryska, 1817–1894）。ポーランドの大領主《マグナート》、ラジヴィウ家に生まれ、その後、チャルトリスキ家に嫁いだ。音楽的才能に富み、パリではショパンにピアノを師事した。

（7）一八四八年二月にフランスで起こった革命。一八三〇年の七月革命によって成立した七月王政を倒して、共和政を宣言した。

（8）フリードリヒ・フォン・シラー（Friedrich von Schiller, 1759–1805）。ドイツの詩人、劇作家、歴史家。青年期には肉体的自由を、晩年には精神的自由を主題として、多くの作品を残した。『群盗』や『ヴィルヘルム・テル』などが特に有名。

（9）ヴィンチェンゾ・ベッリーニ（Vincenzo Bellini, 1801–1835）。イタリアの作曲家。《ノルマ》や《清教徒》などのオペラによって名声を博した。

（10）フランスのパリ東部にある墓地。

（11）ルイジ・ケルビーニ（Luigi Cherubini, 1760–1842）。フランスで活躍したイタリアの作曲家。パリの音楽・演劇学校《コンセルヴァトワール》

(12)の校長も務めた。
(13)“Norma” (1831). ベッリーニのオペラ。
(14)フリードリッヒ・フォン・フロトーのオペラ《アレッサンドロ・ストラデッラ》に登場する賛歌か。
(15)オーギュスト・クレサンジェ（Auguste Clésinger, 1814–1883）。フランスの彫刻家。ジョルジュ・サンドの娘ソランジュと結婚した。
(16)“Requiem,” K. 626 (1791).
(17)ナポレオン・アンリ・ルベル（Napoléon Henri Reber, 1807–1880）。フランスの作曲家。
(18)ルイ・ルフェビュール＝ヴェリー（Louis Lefébure-Wély, 1817–1869）。フランスのオルガン奏者、作曲家。
(19)Prelude, Op. 28–6 (1839).
(20)Prelude, Op. 28–4 (1839).
(21)ポーリーヌ・ヴィアルド（Pauline Viardot, 1821–1910）。フランスのメゾソプラノ歌手、作曲家。
(22)ジャンヌ＝アナイス・キャステラン（Jeanne-Anaïs Castellan, 1819–1861）。フランスのソプラノ歌手。
(23)ルイジ・ラブラーシュ（Luigi Lablache, 1794–1858）。イタリアのオペラ歌手。声は深いバスで、演技にも定評があった。
(24)オーギュスト・フランショーム（Auguste Franchomme, 1808–1884）。フランスのチェリスト、作曲家、音楽教師。
フェリックス・フォン・リヒノフスキ（Felix von Lichnowsky, 1814–1848）。ドイツの貴族、政治家。一八四八年の九月暴動のなかで、暴徒に襲われて落命した。

付録　『ルヴュ・エ・ガゼット・ミュジカル・ドゥ・パリ』の記事より

GAZETTE MUSICALE
DE PARIS.

RÉDIGÉE PAR MM. ADAM, G. E. ANDERS, BERTON (membre de l'Institut), BERLIOZ, CASTIL-BLAZE, ALEX. DUMAS, DE SAINT FÉLIX, FROMENTAL HALÉVY, JULES JANIN, LISZT, LESUEUR (membre de l'Institut), J. MAINZER, MARX (rédacteur de la GAZETTE MUSICALE DE BERLIN), MÉRY, D'ORTIGUE, PANOFKA, RICHARD, J. G. SEYFRIED (maître de chapelle à Vienne), F. STŒPEL, etc., etc.

2e ANNÉE. N° 30.

PRIX DE L'ABONNEM.

PARIS.	DÉPART.	ÉTRANG.
fr.	Fr. c.	Fr. c.
3 m. 8	8 75	9 50
6 m. 15	16 50	18 »
1 an. 30	33 »	36 »

La Gazette Musicale de Paris
Paraît le DIMANCHE de chaque semaine.

On s'abonne au bureau de la GAZETTE MUSICALE DE PARIS, rue Richelieu, 97; chez MM. les directeurs des Postes, aux bureaux des Messageries, et chez tous les libraires et marchands de musique de France.

On reçoit les réclamations des personnes qui ont des griefs à exposer, et les avis relatifs à la musique qui peuvent intéresser le public.

PARIS, DIMANCHE 26 JUILLET 1835.

Nonobstant les supplémens, romances, *fac-simile* de l'écriture d'auteurs célèbres et la galerie des artistes, MM. les abonnés de la *Gazette Musicale de Paris*, recevront le premier de chaque mois un morceau de musique de piano de 10 à 20 pages d'impression.

Les lettres, demandes et envois d'argent doivent être affranchis, et adressés au Directeur, rue Richelieu, 97.

DE LA SITUATION DES ARTISTES,

ET DE LEUR CONDITION DANS LA SOCIÉTÉ.

(4e article). (1)

Ainsi que je l'avais prévu, plusieurs *expressions* du dernier article (expressions qui, selon la remarque bienveillante d'un penseur original, « pourraient bien ne pas laisser que d'être grosses de choses »), ont sensiblement mécontenté et blessé au vif un certain nombre de mes *honorables collègues*.

Quelque modestes et circonspectes que fussent mes *questions*, quelque soin que j'eusse pris de laisser le champ libre à des exceptions plus ou moins nombreuses, et d'éloigner constamment jusqu'à l'ombre même de toute personnalité, je n'ai cependant point réussi à me soustraire à un *anathème terrible*, si dédaigneusement lancé dans les salons par d'importans réfléchisseurs aliborons, et que fulminent aussi çà et là, dans quelque arrière-boutique de journal ou dans quelque estaminet, une demi-douzaine d'*artisans*, écrivailleurs impotens, l'*anathème* qui frappe de réprobation et de mort toutes les *folles exagérations*, toutes les *criminelles tentatives* du progrès!.....

J'avoue naïvement que pendant plusieurs jours la fantaisie m'a pris d'écouter *certaines* récriminations, censures et gloses, auxquelles le court aperçu de la *situation générale des artistes* a déjà donné lieu, et je confesse en toute humilité qu'après avoir bien prêté l'oreille et bien écouté, il m'a été absolument impossible d'*extraire* quelque *raison* nette, de *formuler* à mon esprit quelque objection sérieuse au milieu de cette *cacophonie quasi-symphonique* d'accusations vagues et tranchantes. Si donc une de ces *éminences* (qui, par parenthèse, n'ont pas toujours dédaigné de condescendre à ma *subalternité*, et qui maintes fois l'ont honorée dans des journaux *spéciaux* par leur scurrilité et leur critique) voulait bien se charger de rédiger en français intelligible l'*imbroglio* d'argumentations infailliblement concluantes *en question*, elle me rendrait sans doute un précieux service, et ma reconnaissance et ma gratitude lui serait acquises à l'avance.

Lorsque enfin on m'aura appris quelles sont les *exagérations*, la *phraséologie* et les *folles tendances* incriminées et condamnées, je pourrai à mon tour, si toutefois il y a lieu, en essayer la justification et appeler de la décision des susdits *très-honorables* et *très-honorés collègues* à un tribunal supérieur, le public, dont le bon sens se dégage graduellement de la tutelle des coteries, et casse insolemment les arrêts de leur juridiction niaise et brutale. D'ici là, en attendant qu'il me soit notifié clairement en quoi j'ai délinqué, je ne puis qu'opposer une simple fin de non-recevoir aux brillantes *sérénades* de *non-sens* paraphrasés dont ces messieurs me font les honneurs, et que je me reconnais tout-à-fait incapable de

(1) M. Liszt nous adresse de CONSTANCE, la continuation de ses articles sur la situation des Artistes que nous nous empressons de communiquer à nos lecteurs.

Revue et GAZETTE MUSICALE de Paris, 1835-07-26.

音楽家の境遇と社会的身分について（総括）[1]

De la situation des artistes et de leur condition dans la société, VI

“Liszt.” by unknown lithographer

これまでの連載で述べてきたことを総括したい。

我々は、気まぐれな思いつきからではなく、事実をありのままに知ってほしいという純粋な願いから、音楽家の置かれている境遇について分析してきた。その過程では、次のような物事を嫌というほど目にした。

音楽家の受けている、苦しみ、不名誉、悲痛、不幸、孤独、迫害。

音楽の受けている、妨害、搾取、経済的制約、不十分な支援、悪意ある保護、そして、束縛と拘禁。

また、我々は、あらゆる種類の音楽家や演奏者、それに音楽教師や作曲家の話を聞くなかで、嫌というほど耳にしたのだった。苦情を、前言撤回《パリノード》を、不満と怒りの言葉を、変化や改革への希望を、そして、よりよき未来、より幸福な未来への熱望を――それは、ときに混乱や矛盾を呈しながらも、新たな機運への情熱という点では少しの弱まりも見せないような、力強い熱望であった。

それぞれに判然さや深さの度合いは異なるにしても、すべての音楽家が苦しんでいる。

この苦しみは、大衆との交流にも、社交界における付き合いにも、たしかに存在する。劇場の支配人諸兄によってもたらされる場合もあれば、評論家諸兄や、政府に雇われる官僚諸兄、ときには音楽に関わる商売人諸兄によってのこともある。あるいは、一口に言えば、市民的、政治的、信仰的な関係から生じる場合もあれば、より複合的な関係から生じてくることもある。同意した覚えのない繫がり――。現実の接点をもたない人々との関係――。
すべての音楽家が何かに苦しめられている。そして、そのうちの多くが苦しみを感じている――様々に、謂《いわ》れなく、日常的に。しかしながら、彼らの苦しみの真の原因は、多くの場合、彼ら自身の孤立や、利己主義や、信仰の欠如にある。

かの詩人シラーも言ったではないか。芸術が失われるとすれば、それは芸術家の過ちによってである、と。(2) 我々はこう付け加えてもよかろう。つまり、もしも音楽家が、仲間と親しく交わることができないとすれば――、抑圧や悪魔の要求に打ち勝つことができないとすれば――、あるいは、彼らに課せられた運命的な事業へ向かって声を合わせて突き進むことができないとすれば――、そして、その結果として、ばらばらに分かれ、尊厳を失い、一人また一人と、日を追うごとに、自分の無言が招いた〈低き地位《サバルタニティ》〉の結末を受け入れざるをえないとすれば――、それは明らかに音楽家の過ちによってである、と。

我々はこうした不幸な事情を他人事のように捉えてはならない。

音楽家の境遇と社会的身分はどうあるべきか？　音楽家は、街や、寺院や、演奏会場や、劇場において、これまでどのような役割を課せられてきて、また、未来にはどのような使命を担うべきなのか？　我々が向き合わねばならないこの複雑な問いは、非常に重要であるとともにきわめて扱いにくいものでもある。それらはもっとも難しい問題と密接に結び付いていた。だから、我々が独自に全体像を整理していくのには大変な労力がかかったし、幾度も熟考を重ねなくてはならなかった。

そして、現代の音楽家を取り巻く状況について飽き飽きするほど分析したあとで*、我々は、永遠の生命力の湧き出る〈芸術流儀の泉〉を目指して、歴史の梯子《はしご》を上っていった。古代の天才たちが音楽に見出だした壮大な宿命について考えをめぐらせ、竪琴《リラ》の音とともに人々を教え導いた古代の立法者や著名な哲学者のことを思い出しながら、我々は自問自答したのであった。

「何がこの没落を招いたのか……？　何が音楽の地位をここまで低下させたのか……？　そして、何ゆえ、現代では、最初の人が最後の人のように扱われているのか……？」

それから、音楽の多様な進化や着実な進歩（これらは音楽の古典的な役割やその成果を通して見出だされた）を注意深く研究していくなかで、また、音楽と詩との緊密な関係や、音楽がこれまで築いてきた、信仰や、人間の心や、人間のすべて――肉体と魂――との深い繋がりのなかにも入り込んでいくなかで、我々の目には音楽の神秘と真価が同時に浮かび上がってきて、そして――、

我々は、揺るぎない確信にいたった。

その強固な確信のもとで、我々は止まることなく宣言し続ける。音楽家には、大きな役割が――大きな〈信仰的使命〉と〈社会的使命〉が――課せられているのだと。

我々は、曖昧で不確かな言葉を手当たり次第に使っているとの非難を受けないために――、〈芸術の発展〉と〈芸術家の道徳的かつ知性的な発展〉とが両立してはじめて日々勝ち得ていくことのできる、さらなる普遍的な共感を目の当たりにするために――、そして、我々が予感し、切望している未来の実現に、最大限の貢献をするために――、この場を借り、すべての音楽家に、そして、広く深い

芸術感覚を備えたすべての人に、提言する。今こそ、一つに結束し、共通の、友愛の、そして信仰の絆のもとに、音楽家の〈国際共同体〉を創設しようではないか。その共同体の目的は以下である。

一、音楽の繁栄を促し、拡張を支え、発展をもたらす。

二、音楽界に見られる悪癖や不公正に対して必要な対処を行ない、音楽家の地位を高め、より高尚なものとする。

この共同体の創設に加えて、我々は、すべての音楽家を代表し、芸術と社会の進歩のために、以下のことを依頼し、また、要請する。

第一に、五年ごとに実施する、教会音楽と歌劇と交響曲のためのコンペティションの設立。そして、これら三つの分野の最優秀作品については、一か月にわたってルーヴル博物館で厳

＊この点については、我々は重要なことはすべて網羅して伝えてきたと思っている。無論、必要とあらば、多くの実名をもとにして具体的な事案を引き合いに出すこともできるが、我々がこの場でそれをしない理由については容易に察してもらえることだろう。

かに演奏されたのち、政府予算によって買い上げられ、出版されることとする。すなわち、〈音楽の博物館〉の創設である。

第二に、初等学校への音楽教育の導入と、そこから生じる、他の学校への伝播。そして、これを機にした、新たな教会音楽の確立。

第三に、パリや各県に存在するすべての教会における、合唱と典礼歌の改革。

第四に、英国やドイツなどで素晴らしい音楽祭を取り仕切っている各国のフィルハーモニー協会との合同会議の設立。

第五に、歌劇場の設立。そこでは、我々が前回の記事で示した計画(3)のもとで、オペラや室内楽が上演される。

第六に、高名な音楽家を教師として、音楽・演劇学校《コンセルヴァトワール》とは別に設立される〈進歩主義的音楽学校〉。そして、主要な地方都市へと延びていくその分校の数々。

第七に、音楽学校における、音楽史と音楽哲学をつかさどる学部の創設。

第八に、手に取りやすい価格で出版される、ルネサンス期から今日にいたるまでの全作曲家の傑作集。民謡に始まり、徐々に年月順に進んで、ベートーヴェンの合唱交響曲にいたるまでの、音楽の発展過程全体を含むこの出版物は、まさに〈音楽の万神殿《パンテオン》〉と呼ぶにふさわしいものとなる。これに、伝記や評論、解説、注釈といったものを加えるならば、我々は真の音楽百科事典を手にすることができるだろう。

これらが、我々がフランスにいるすべての音楽関係者に向けて手短に示す計画の要旨である（無論、別の機会を見つけて、より詳しい議論もしていくつもりだ）。

実現不可能だといって反論する人もあるだろうが、我々としては、ここで述べてきた事情については隅々まで熟知しているところであり、そうした反論の余地は少しも残されていないものと信ずる。

一八三五年一〇月一一日

フランツ・リスト

（1）一八三五年、リストは雑誌『ルヴュ・エ・ガゼット・ミュジカル・ドゥ・パリ』（Revue et GAZETTE MUSICALE de Paris）において、『音楽家の境遇と社会的身分について』（"De la situation des artistes et de leur condition dans la société"）と題した全六回の連載記事を発表した。ここでは、第一回から第五回までの内容を総括した、第六回の記事を扱う。

（2）『悲劇における合唱団の使用について』からの引用。

（3）リストは、第五回の記事において、より「進歩主義的な」演奏会のあり方を提案している。その内容は、概ね、以下の三点に要約される。（ｉ）ベートーヴェンやウェーバー、モーツァルト、ハイドン、バッハといった過去の大作曲家の作品を保護することと、ケルビーニ、シュポーア、オンスロー、メンデルスゾーン、ベルリオーズ、ヒラーといった現代の作曲家の作品を紹介することを、一つの演奏会のなかで両立させること。つまり、「古今の分け隔てなく、死者の音楽と生者の音楽をともに奏で、古典主義者とロマン主義者とを別扱いしない」こと。(ii) 歌唱曲や室内楽曲を積極的に取り上げること。(iii) 若手の演奏家や音楽学校の生徒に対して、第一級の演奏家らと合同で予行練習《リハーサル》する機会をあたえること。

パガニーニの死について
Sur Paganini, a propos de sa mort

“Paganini.” by unknown lithographer

パガニーニ[1]は死んでしまった。彼の肉体から、この世に存在するもっとも力強い息吹が絶え果ててしまった。彼とともに、芸術の世界に生じていた唯一無二の現象が消えてしまった。きっと、母なる自然は一刻も早く彼と再会したかったのだ。

先人も同輩もなく突如として世に現れた天才は、その偉大さのあまり、自らの模倣者すら見ることなく死んでいった。彼は一つの道を残していったが、その道を歩ける者はもう残されていない。彼ほどの光栄はもはや見られない。彼の名は、他人の名とは比較も一括もされることのない、孤高の名である。あの名声の輝きも、聴衆たちが彼に授けていたあの絶対的な王位も、彼と彼を追う者との間に存在したあの途方もない隔たりも、もはや似たものを見つけ出すことすら叶わない。そして、将来のいかなる芸術的宿命によっても、二度と生み出されることはない。

四〇歳のパガニーニが音楽界に復帰して、その円熟の極致に達した才能を人々に見せつけたとき、彼の容貌にはどこか超自然的な雰囲気が感じられた。彼の演奏は、人々をすっかり現実から引き離してしまうほどに、鮮烈に胸を刺し、激しく想像力を揺さぶった。我々は目の当たりにしたのだ、中世の魔術と妖術にまつわる伝説が現代に復活するのを。そんな途方もない才能をもっていた彼であるから、その人生も平凡なものとはなりえなかった。人々は、パガニーニという理解しがたい天才を理解するために、いっそう理解しがたい事実を必要としたのである。あれは悪魔に魂を売っているのだとか、色々な信じがたいうわさを流されて、挙句の果てには、世にも美しい旋律を奏でるあの第四弦は彼に絞殺《こうさつ》された恋人の内臓でできている、などと奇天烈《きてれつ》なことをいう者までいた。彼はヨーロッパの各地を旅し、行く先々で大衆を熱狂に沸かせ、また、いくつもの金貨をその足下に投げ込ませた。そして、いつしか、彼の名は優れた音楽家にあたえうる最高の栄誉とさえ見做されるようになった。つまり、〈ピアノのパガニーニ〉であるとか、〈コントラバスのパガニーニ〉や〈ギターのパガニーニ〉であるとか、そういった彼の名を冠した称号がたくさん生まれたのである。ヴァイオリニストは必死になってパガニーニの秘密を探ろうとした。文字通り、額に汗して、彼の演奏技巧を研究した。だが、そこまでしても、パガニーニを超えることはもとより、比較されることすら叶わず、得られたのは聴衆からの同情だけだった。これほどまでの成功が果たして過去にあっただろうか！　最後の瞬間まで、パガニーニの自尊心は（もし彼がそういうものを感じていたとすればだが）誰も近付くことのできない高みで光り輝いていたのだ。そして、不当な評価に悩まされることも、無関心に足止めされることも、さらには、自らの栄光を霞ませる不愉快な後継者の影を見ることもなく、墓に入っていった。

実際にその目で見た人でなければ、誰が信じてくれよう。この音楽家は、勝利の笑みを浮かべ、神のように崇められながら、意気揚々と、手にしたのである。人々がなかなかあたえようとしなかった貴重なもの、つまり、富と名声を。彼は桁違いの恍惚を生じさせながら群衆の間を通り過ぎていった——誰とも交わることなく。いかなる感情が彼を突き動かしているのか、誰にも分らなかった。彼の人生は、他人の人生を照らすことなく、独りで輝いていた。彼の思想や情緒は、他人のそれと共通項をもたなかった。どんな共感も、どんな情熱も、さらには自らの才能さえも、彼にとっては他人事であるらしかった。天才というのは神の存在を人間の魂に示す力であるが、パガニーニにとっての神は、暗く悲しみに満ちた自らの人格だけだった。

私としては、彼に厳しい言葉を向けるのは気が引ける。それに、死者を非難することは生者を礼賛するのと同じだけ間違った行為であるのもよく知っている（死者を敬うという口実のもとで、中傷の嘘をかき消すために神格化の嘘が用いられることもあるが）。加えて、パガニーニの人生にも、いくつかはこの非難を打ち消すような慈悲深い行ないがあったことを承知している――人間にとって、一貫して悪であることは、一貫して善であるのと同じだけ難しいものだ。とはいえ、人生において、孤立した行動が何を実現するというのか？　私はここに問う。〈利己主義《エゴイズム》〉という言葉を狭い意味でなくより広い意味で用いて、かつ、その言葉をパガニーニという人間よりもパガニーニという音楽家に向けて。つまり、パガニーニの芸術においては、出発点も、目的地も、常に〈利己主義《エゴイズム》〉という狭い領域の内側に存在していたのではないか、と。

いずれにせよ、彼の魂に安息を願う。彼は偉大な人であった。その偉大さだけでも、すべての非難を優に補いうる。あれほどの偉大さを得るまでには、いかなる代償が支払われたことであろうか？　パガニーニの死後に残された空白を埋める人物は現れるのか？

あの重要かつ特殊な運動は――私が回想せずにいられないあの〈独立国〉を築き上げた運動は――いつかまた繰り返されるのか？

彼が手中に収めた〈音楽家の王権〉は別の人間の手に託されるのか？

〈音楽家の王〉はこれからも存在しうるのか？――

私はためらいなく断言したい。パガニーニのような人物は二度と現れないと。桁違いの才能と、それに名声を獲得させる理想的な環境との非凡な組み合わせは、孤高の事実として音楽史に刻まれる。今日、パガニーニにならって自らを申し分のない神秘で包み込み、自らの人生の周囲に真鍮《しんちゅう》の輪を描き出し、それらをもって人々の心を動かそうとする音楽家がいたとしても、彼はもはや感嘆の的にはならない。もし彼にそれだけの優れた才能があったとしても、聴衆はいつもパガニーニのことを思い出し、贋作《がんさく》と剽窃《ひょうせつ》のかどで彼を批判するだろうから。さらにいえば、今日の聴衆はパガニーニがもたらしたものとは違う感動を求めている。だから、まったく異なる手段によってしか、あれほどの光栄も、あれほどの力も、手にすることはできないのである。

自己中心的な喜びや無味乾燥とした名声を手っ取り早く獲得する手段としてではなく、人々を結束させる共感を生み出す力として、音楽に向き合うこと――。〈音楽の可能性と責務を明らかにする才能〉こそが理想とされる、威厳ある水準にまで、自らの生活を高めること――。気高い生活から湧き上がるもののみを自らの意見とすること――。魂に美への熱狂（これは善への情熱とよく似ている）を生じさせ、これを保ち続けること――。こうしたことが、パガニーニの後継を志す音楽家の務めである。これらは困難なことではあるが、不可能なことではない。大望あるすべての人々に、広い道が開かれている。信念や情緒のために芸術を用いるすべての人々に、理解ある共感が約束されている。誰もが新たな運命の到来を予感している。社会変革における音楽家の重要性を過度に誇張することなく、神の使徒としての役割を（これまでよくされてきたことだが）ことさらに大げさな言葉で叫ぶことなく、しかし、強く信じようではないか。音楽家にも天命があり、その天命は永久的かつ道徳的な事業に供されるべくして授けられたのだと。

未来の音楽家が利己主義的で空虚な役回りと決別してくれることを、私は心から願う。そのような役回りが必要だとしても、それはパガニーニという輝かしい人物の思い出だけで十分である。だから、自らの内側にではなく、外側の世界に意識を向けてほしい。卓越した技巧を、目的ではなく、自らの手段として用いてほしい。そして、いかなるときにも忘れないでほしい、高貴なる者が自らに課すべき、いや、疑いなくそれよりも高次なものである、〈天才としての義務《ジェニ・オブリージュ》〉を。

一八四〇年八月二三日
フランツ・リスト

（1）ニコロ・パガニーニ（Niccolò Paganini, 1782–1840）。イタリアのヴァイオリニスト、作曲家。比類ない演奏技巧でヨーロッパ中に名声を轟かせ、多くの音楽家に影響をあたえた。

ショパンの演奏会

Concert de Chopin

“Maison Pleyel, salle de concert.” (1855) by Édouard-Antoine Renard

先週の月曜日の午後八時、プレイエル氏のサロンではきらびやかな照明が灯されていた。絨毯と花々によって美しく飾られた階段のもとに、ひっきりなしに馬車が停まり、その客室のなかからは社交界を代表する人々が現れた。きわめて洗練された貴婦人、きわめて優雅な若者、きわめて名高い芸術家、きわめて裕福な金融家、きわめて権威ある高貴な人々――。輝かしい人々が、社交界の名士が、由緒ある生まれの人々が、幸運が、才能が、美が、次々に運ばれてきた。

演壇に置かれたピアノの蓋はすでに開いている。その周りを華やかな人々が取り囲んでいく。誰もが最前列に座ろうとした。演奏会が始まるまでにはまだ少し時間があったが、人々はすでに耳をすませて瞑想しているようだった。彼らは一和音たりとも、いや、一音たりとも絶対に聴き逃すまいと、自らに言い聞かせていたのだ。演壇のピアノに座る人物が垣間見せるどんな意図も、思想も、一つとして見逃すわけにはいかなかった。彼らがそこまで熱心に、注意深く、また慎重になったのには理由があった。彼らが待ち焦がれ、一刻も早く見て、聴いて、驚いて、称えたいと思っていた人物は、単なる卓越した名演奏家でも、単なる優れたピアニストでもなかったのである。もちろん、単なる名高い芸術家でもなかった。その人こそは、これらの資質のすべてであり、しかも、それらすべてを上回る人であった。その人こそは、ショパンであった。

一〇年ほどまえにフランスへやってきたショパンは、同じ時期に各地から集まってきた多くのピアニストの一人であったが、彼らの競争に加わって一位や二位の座を占めることには関心を示さなかった。彼はほとんど演奏会を開かなかった。詩的に洗練された才能が彼をそうした場所から遠ざけているようだった。夜の間にしか香り高い聖杯《カリス》を開いてくれない花々のように、ショパンもまた、穏やかで瞑想的な空間においてしか自らの内側に眠る旋律の秘宝を取り出そうとしなかった。音楽は彼にとっての言語だった。彼はその神の言語を用いて、少数の人だけが理解することのできる繊細な情緒を、隅々まで表現した。彼の友人であり同国人でもあるもう一人の詩人、ミツキェヴィチがそうであったように、ショパンは、祖国ポーランドの女神《ムーサ》から歌を授けられ、祖国ポーランドの叫びからアクセントを拝借した。それは私の知る限り、もっとも神秘的な詩であり、また、あの情緒を真に感じ取った人なら誰もが口を揃えると思うが、この世界の何物とも比べられない詩なのである。もし彼の名がミツキェヴィチのそれに並ぶ光明を帯びていないとすれば——、もし彼の頭部を包む光輪がミツキェヴィチのそれよりも輝きに乏しいとすれば——、それは彼が『コンラッド・ヴァレンロッド』や『巡礼者』を書いた名高い詩人のごとき精力的思想や深遠な情緒を持ち合わせていなかったからではない。それは、ひとえに、ピアノという彼の表現手段があまりに不完全なものであることによる。ショパンの感じている情緒は、ピアノの響きだけでは完全には表現しえないほどのものなのだ。だから、もし我々が正しい耳をもっていたなら、そこには鈍く終わりのない苦悩が、自らの心を外の世界に明かすことへのある種のためらいが、楽しそうな外見の奥に垣間見える憂鬱が、そして、そうした個性のすべてが、一つの詩として最高度に魅力的に結集して聞こえてくるのである。

すでに述べたように、ショパンはごくまれにしか――そして、きわめて長い間隔を経たあとにしか――演奏会をしなかった。しかし、大衆から忘れ去られ、無名のままでいることを選んだ彼の判断は、次第に、誰の目にも明らかなほど大きな恩恵をもたらすようになった。彼はその賢明な判断によって、流行の気まぐれに左右されない評判を築き、さらには、敵対心や嫉妬心や不当な評価からも身を守ることができたのである。何年にもわたって世界中の演奏芸術家を分断したあの激しい論争[1]が繰り広げられていたときにも、ショパンは、相変わらず、忠実な弟子や、熱心な生徒や、温かい友人たちに囲まれて過ごすことができた。そうした好意的な人々は、今もなお、ショパンを不愉快な論戦や痛々しい対立から守りながら、積極的に彼の作品を各所で紹介しては、ショパンの名声を高め続けている。

こうして、すべてにおいて気高く、完全に貴族的な、この優雅なる著名人は、どんな悪意も届かぬ場所で呼吸する。彼に関しては、まるで後世でもきたかのように、すべての批評家が押し黙っている。そして、あまりに長く沈黙を続けてきた詩人に会うために集まった華やかな聴衆は、彼の演奏に聴き入ったあとで、少しのためらいも抑制も見せず、口を揃えてただ一つの賛辞を叫ぶのだった――。

我々はここではショパンの作品について細かく分析する気はない。そんなこじつけに頼らずとも、彼の示した芸術様式にしても、構想にしても、素晴らしい独創性にあふれていたことは明白であるから。ショパンは、新たな情緒に対して、それを表現しうる新たな芸術様式をあたえた。ポーランドの土地に見られる一種の野蛮さと無骨さは、大胆な不協和音や風変わりな和声のうえに見事に表現された。ポーランドの人々に見られる繊細さと優美さは、幾千もの語り口や、誰にも真似のできない幻想的な装飾音の数々を通して露わにされた。月曜日の演奏会において、ショパンは彼の作品のなかから、古典的なものではなく、進歩的な形式をもつものを中心に取り上げた。協奏曲も、ソナタも、幻想曲も、変奏曲も弾かなかったが、その代わりに、前奏曲《プレリュード》や、練習曲《エチュード》や、夜想曲《ノクターン》や、マズルカを聴かせてくれた。彼は、（公衆というよりは社交界に対してであるが、）難なく、自らのありのままの姿を示しきった。深遠で、上品で、夢見がちな悲歌詩人。ショパンは自らの演奏によって人を驚かせることも、圧倒することも、望まなかった。大きな熱狂ではなく繊細な共感を求めていたのである。そして、その共感は間違いなく彼にあたえられた。最初の和音を奏でた瞬間から、彼と聴衆の間には確かな感覚の繋がりが生まれた。最後には、聴衆のアンコールに応えて、二曲の練習曲《エチュード》と一曲のバラードがふたたび披露された。それどころか、もし彼の蒼白な顔に大きな疲労が表れていなければ、その場にいた人々はプログラムのすべての曲のアンコールを順番に求めていったかもしれなかった。

ショパンの前奏曲《プレリュード》は、一般にその名で呼ばれているような楽曲とはまったく異なるものである。それらは、単に他の作品への導入として弾かれることを意図されたものではなく、むしろ詩的な前奏曲《プレリュード》なのである。現代の偉大な詩人の詩がそうであるように、我々の魂を黄金の夢のなかで揺さぶりながら、理想の世界へと誘っていく。見事なまでに変化に富み、多くの労力と知識が結集した彼の前奏曲《プレリュード》は、周到な吟味によってのみ正しく理解される。一度聴いただけでは衝動的で唐突な印象を受けるかもしれないが、これらの前奏曲《プレリュード》には、疑いの余地なく、天才の作品の特徴である、自由な発想と威厳ある表現が満ちあふれているのだ。

では、気まぐれでありながらも完成された、あの簡素な傑作、マズルカはどうだろうか？　フランス文学の最盛期に権威を誇った人物がこんなことを言っていた。

完全無欠の一四行詩《ソネット》はそれだけで長編詩の価値がある。
（UN SONNET SANS DÉFAUT VAUT SEUL UN LONG POËME）

この格言はショパンのマズルカにこそふさわしい。実際、少なくとも我々にとっては、それらの作品は長大なオペラの数々よりも価値があるように思えるのだから。

かくして、演奏会に君臨した王に向けて一斉に〈見事《ブラヴォ》〉の言葉が注がれたあと、エルンスト氏(2)にも然るべき賛辞が送られた。堂々とした雄大な弾き方をするエルンスト氏は、ヴァイオリンの大家にふさわしい情熱と純粋さをもって彼の《悲歌《エレジー》》を演奏し、聴衆に深い感動をあたえた。

さらに、この格調高い演奏会では、ダモロー夫人(3)の魅力的な美声を聴くこともできた。彼女は、いつも通り、申し分のないほどに人々を魅了した。

さて、最後にもう一言、紙面が許すなら、付け加えておきたい。

優れた人物が名声や成功を勝ち得るときには、多かれ少なかれ、幸せな環境による後押しを受けている。もちろん、長く続く名声にはそれだけ確かな裏打ちがあることもまた事実であり、それをここで疑うつもりはない。とはいえ、やはり不公平というのは人類の性なのであろう、価値に見合わないほどの世評を得る人がいる一方で、一部の音楽家は過小に評価され続けている。船乗りは、かつて、荒海を見ながら気付いたのだった——波にも周期があって、一〇回ごとにやってくる〈第十の波〉はほかの波よりも強烈であるということを。そして、我々の世界にも同じことがいえる。実際、一部の幸運な音楽家は、この〈第十の波〉に運ばれて、自らと同等の才能をもつ人や、ときにはより優れた人物をも飛び越えて、高い名声を得ているのである。しかし、ショパンの卓越した才能にはこうした特別の後押しがなかった。だから彼の得てきた成功は、それ自体たしかに偉大なものではあるが、彼の真価を考えると、本来得るべき称賛には足りていないのである。それでも、我々は確信とともに述べることができるが、ショパンは誰のことも羨ましく思っていない。きっと彼は知っているのだろう。一人の芸術家が感じうる満足のうちでもっとも気高く正当なものは、自分の芸術が自らの名声よりも優れ、自らの成功よりも卓越し、自らの栄光よりも偉大であると確信することなのだと。

一八四一年五月二日
フランツ・リスト

（1）一八三〇年代のロマン主義論争のこと。本書の『フレデリック・ショパン——その情熱と悲哀』第五章を参照されたい。

（2）ハインリヒ・ヴィルヘルム・エルンスト（Heinrich Wilhelm Ernst, 1814–1865）。チェコのヴァイオリニスト、作曲家。

（3）ロール・サンティ＝ダモロー（Laure Cinti-Damoreau, 1801–1863）。フランスのソプラノ歌手。

訳者あとがき

本書の底本についてはまえがきに述べたが、『フレデリック・ショパン——その情熱と悲哀』には多くの版があるから、ここに一覧を示しておきたい。

〔フランス語版〕

Franz Liszt (1851). “F Chopin”, in La France Musicale, no. 6–33.

Franz Liszt (1852). F Chopin. Paris: M. Escudier, Leipzig: Breitkopf & Härtel, Bruxelles: Chez Schott.

Franz Liszt (1879). F Chopin (2nd edition). Leipzig: Breitkopf & Härtel.

Franz Liszt (1882). F Chopin (3rd edition). Leipzig: Breitkopf & Härtel.

Franz Liszt (1890). F Chopin (4th edition). Leipzig: Breitkopf & Härtel.

〔英語版〕

Franz Liszt, tr. M. W. Cook (1863). Frédéric Chopin, a biographical sketch and study of his work. Boston: Oliver Ditson Company, New York: Chas. H. Ditson & Co., Chicago: Lyon & Healy.

Franz Liszt, tr. M. W. Cook (1863). Life of Chopin (2nd edition). Philadelphia: F. Leypoldt, New York: F. W. Christern.

Franz Liszt, tr. M. W. Cook (1877). Life of Chopin (3rd edition). London: William Reeves.
Franz Liszt, tr. M. W. Cook (1880). Life of Chopin (4th edition).

これらの書物は、リストの芸術観を伝える最上の資料であったことに加えて、ショパンについて書かれた最初のまとまった伝記でもあったから、英語版以外にも、一八五五年と一八八〇年にドイツ語版が出版されたのを始め、各国の言葉に翻訳されていき、幅広い読者を得た。一九世紀後半におけるショパン作品の受容にとりわけ大きく貢献した書であることは疑いようがない。

底本の選定にあたってはいくつかの選択肢が考えられたが、結局、ショパンの生きた時代となるべく近い時期に書かれたものを取り上げることにした。後年の増補版（一八七九年）も、ポーランド文化に関する記述などが付け加えられていて興味深く感じたが、幾分冗長であることは否めず、部分的に参考にする程度に留めた。

＊　＊　＊

さて、本書の著者であるフランツ・リスト（Franz Liszt）は、一八一一年、ハンガリー王国のドボルヤーンに生まれ、一八八六年、バイエルン王国のバイロイトに没した。音楽家であった父親から手ほどきを受け、若くして様々な演奏会に名を連ねるようになった彼は、その卓越した技巧と気高い精神とによって、たちまち、閉塞感の漂っていた当時の音楽界に新しい息吹をもたらした。そんな折に、年齢の近いもう一人の天才——あるいはポーランドの悲歌詩人——フレデリック・ショパン（Frédéric Chopin, 1810–1849）と出会うのであるから、彼らが意気投合するのに時間がかかるはずはなかった。〈運命は欲する者を導く〉といったのは古代ローマのセネカだが、一九世紀という時代においては、まさにパリという都市こそが、そうした欲する者たちが運命に導かれて一同に会する場所であった。本書にたびたび登場するジョルジュ・サンドを始め、ベッリーニ、ベルリオーズ、ヒラー、マイアベーア、ユゴー、バルザック、ラマルティーヌ、ドラクロワといった人物が、パリに集《つど》い、リストやショパンらの共通の友人となり、互いに情熱の火種をくべ合いながら、ロマン主義芸術を昇華させていった。

＊　＊　＊

リストは若い頃から筆を執《と》るのに熱心で、本書で紹介した文章以外にも、数多くの随筆文を残した。代表的なものをいくつかあげておこう。

『将来の教会音楽について』（一八三四年から一八三五年）
『音楽の騎士からの手紙』（一八三五年から一八四〇年）
『タールベルクについての批判的評論』（一八三七年）
『ロベルト・シューマンのピアノ作品』（一八三七年）
『《ローエングリン》とそのワイマールでの初演』（一八五〇年）

『グルックの《オルフェウス》について』（一八五四年）
『メンデルスゾーンの音楽と、《夏の夜の夢》について』（一八五四年）
『ドニゼッティの《ラ・ファヴォリータ》について』（一八五四年）
『ベルリオーズとその《ハロルド》交響曲』（一八五五年）
『ロベルト・シューマン』（一八五五年）
『クララ・シューマン』（一八五五年）
『アドルフ・ベルンハルト・マルクスとその著書『一九世紀の音楽とその成長』について』（一八五五年）
『ウィーンでのモーツァルト百周年記念祭に寄せて』（一八五六年）
『批評の批評　ウリビシェフとセローフ』（一八五八年）
『ジョン・フィールドとその夜想曲《ノクターン》』（一八五九年）
『ジプシーと、ハンガリーにおける彼らの音楽について』（一八五九年）

また、これらのほかに、膨大な数の書簡も残っていて、これはドイツ人の音楽史家ラ・マラなどが編纂している。

＊　＊　＊

いうまでもないことだが、リストの執筆活動は、当時最高の音楽家の一人として作曲や演奏をこなす合間に行なわれた。たとえば、本書の付録として掲載した三つの記事が書かれた時期には、自らの理想に燃え、ピアノという楽器の可能性を——そして何より、音楽家の社会的地位の可能性を——拡張しようとしたリストの姿を裏付けるかのように、

Réminiscences de "Lucia di Lammermoor," S. 397〔《ランメルモールのルチア》の回想〕（一八三五年から一八三六年）

Album d'un Voyageur, S. 156〔旅人のアルバム〕（一八三七年から一八三八年）

Grandes Études, S. 137〔大練習曲集〕（一八三七年から一八三九年）

Grand Galop Chromatique, S. 219〔半音階大ギャロップ〕（一八三八年）

Études d'Exécution Transcendante d'après Paganini, S. 140〔パガニーニによる超絶技巧練習曲集〕（一八三八年から一八四〇年）

Réminiscences de "Norma," S. 394〔《ノルマ》の回想〕（一八四一年）

Réminiscences de "Don Juan," S. 418〔《ドン・ジョヴァンニ》の回想〕（一八四一年）

といった、絢爛豪華な技巧を駆使する意欲的な作品が多く生まれている。だから、本編の『フレデリック・ショパン——その情熱と悲哀』を読むうえでも、その構想や執筆がなされた時期（つまり、一八四九年から一八五一年）が音楽家フランツ・リストにとってどのような時期であったのか、彼の作品からたどってみるのは興味深いことだろう。

当時、リストは、

Ce qu'on entend sur la montagne, S. 95〔人、山の上で聞きしこと〕（一八四八年から一八四九年）を作曲して〈交響詩〉という境地を切り拓き、種々の実験を行ないながら、詩に歌われる高潔な理想を音楽に結び付けることに情熱を注いでいた。本書を読めば、詩的な美に対するリストの強固な確信が伝わってくるが、この確信こそ、遠大なる〈交響詩〉の試みを支えていたもののように思える。

加えて、リストがこの時期に、ピアノ音楽の作曲家としても、演奏家としても、一つの集大成に向かっていたことを見過ごすわけにはいかない。次の作品群を見れば、『フレデリック・ショパン――その情熱と悲哀』を書いた当時のリストがいかに洗練されたピアノ音楽を作曲し、さらにいえば、その最高の作品とも評される、

Piano Sonata in B minor, S. 178〔ピアノソナタ　ロ短調〕（一八五二年から一八五三年）

の完成を予感させるような、運命的な年月の最中にあったことを理解してもらえるはずである。しかもこの時期には、マズルカや夜想曲《ノクターン》（《愛の夢》）、ポロネーズといった、ショパンを連想させる形式の名曲が立て続けに生み出された。

Années de Pèlerinage I, S. 160〔巡礼の年　第一年〕（一八四八年から一八五五年）
Consolations, S. 172〔コンソレーション〕（一八四九年から一八五〇年）
Grosses Konzertsolo, S. 176〔演奏会用大独奏曲〕（一八四九年から一八五〇年）
Mazurka Brillante, S. 221〔華麗なるマズルカ〕（一八五〇年）
Liebesträume, S. 541〔愛の夢〕（一八五〇年）

2 Polonaises, S. 223〔二つのポロネーズ〕（一八五〇年から一八五一年）
Études d'Exécution Transcendante, S. 139〔超絶技巧練習曲集〕（一八五一年）
Grandes Études de Paganini, S. 141〔パガニーニによる大練習曲集〕（一八五一年）

＊　＊　＊

詩的理想を追求するリストにとって、一八四九年一〇月一七日のショパンの死は、魂を揺さぶるような大事件であったに違いない。彼は、一月《ひとつき》と経たない一一月一四日には、ショパンの姉であるルドヴィカに宛てて、伝記の出版を前提とした質問状を送っている。一二項目にも及ぶ質問はそれぞれに詳細で、可能な限り正確な情報に基づいて執筆しようとしたリストの意思が窺えるが、結局、ルドヴィカはこの質問状への回答をショパンの弟子であったジェーン・スターリングに任せてしまい、リストのもとにはスターリングからの幾分つれない返答文が届いただけであった。それでも、「ピラミッドに匿名の石を一つ積み重ねることよりも、いっそう高次で、いっそう濃密な責務を」果たしたい、という彼の意志が萎えることはなかったようで、訳者まえがきにも書いたように、この伝記は一八五一年には早くも連載記事として発表された。

世紀の大音楽家として多忙な日々を過ごしていたリストのこと、まとまった著述をするのは容易なことでなかったはずだが、これだけの原稿を一年あまりで書き上げることのできた背景には、ポーランド系貴族に出自するカロリーネ・ザイン＝ヴィトゲンシュタイン侯爵夫人の惜しみない協力があった。この夫人は文学や哲学に精通した第一級の知識人であったから、リストは、自らのしたためた草稿をもとに彼女と議論を交わし、適宜彼女の知見を取り入れることによって、この書物にいっそう奥深い描写を付加することができると考えたのであろう。

＊　＊　＊

記憶や主張は、詩的な文章を通して展開され、あるいは、転調された。美しい内声を聴かせながら、属調へ、平行調へ、同主調へ、移調された。論説文よりも詩や音楽と似ている。だからこそ、読者は、単に歴史的事実を知るばかりでなく、長く美しい音楽を聴いているかのような、言い表せない恍惚のなかで、たしかにロマン主義の本質を見ることができるのだろう。人々の心は、一頁ごとに、リストという無二の恒星の光によって、照らされ、熱せられ、誘われ、強く脈打った——。

だが、「星明かりの奇跡の場所」で「太陽の光」を愛おしんだ人間は、「そのはかない日没も見ないわけにはいかない」。

かつてベルリオーズが感じたような、興奮と畏敬と寂しさの入り混じった名状しがたい情動とともに。

訳者

ショパンは、祝福さるべき着想を得て、彼の第二協奏曲から緩徐楽章《アダージョ》を聴かせてくれた。情熱的な楽章の間に挟まれたこの美しい緩徐楽章《アダージョ》は、愛らしい魅力を深遠な信仰的思想に結び付けることで、人々をある具体的な喜びの——つまり、誰一人として経験したことのなかった、〈穏やかな恍惚〉という喜びの——虜にした。このような効果は、大半の協奏曲の中間部に存在する、ただ長々としているだけの緩徐楽章《アダージョ》からは、絶対に生じえない。しかも、彼の緩徐楽章《アダージョ》には、信じられないほどの生き生きとした想像力が、素朴な魅力とともに、充満していた。だから、ついに——黄金の壺のなかに落とされる真珠の玉のごとく——その最後の音が奏でられたときにも、聴衆は黙想をやめることなくじっと聴き続けたままでいて、しばしの間、喝采を送りたい気持ちをこらえたのであった。

我々は今、たそがれの神秘的な薄明りのなかで、ちょうどこの時の聴衆のように、静かに、暗闇に立ち尽くしている。光が消えて間もない、地平線上の一点を見つめながら。

エクトル・ベルリオーズ（一八〇三―一八六九）

【著者について】

フランツ・リスト　Franz Liszt（1811–1886）

ハンガリーのピアニスト、作曲家。ベートーヴェンの弟子であるツェルニーにピアノを師事。卓越した演奏技巧を誇る天才ピアニストとして、フランスやドイツ、オーストリアなどで活躍した。作曲家としては、《愛の夢》や《ハンガリー狂詩曲集》を始めとする多くのピアノ曲を生み出したことや、詩的理想を音楽に結び付ける〈交響詩〉という境地を切り拓いたことで名高い。

【訳者について】

八隅裕樹（やずみ ゆうき）

1989年、兵庫県に生まれる。神戸大学経営学部卒業。地域金融機関に勤務する傍ら、文化振興に取り組む。米国コロンビア大学客員研究員（2017年から2018年）、ピアノ演奏音源のWEBアーカイブ〈VIRTUOSO PIANISTS BEFORE 1950〉の共同管理人（2020年から現在）、特定非営利活動法人レミニセンス代表（2021年から現在）などを務める。これまでに、西洋文化論を福野輝郎氏と井上裕氏に、ピアノ音楽を両澤隆宏氏に、それぞれ師事。

（連絡先）yu.yazumi@virtuosobefore1950.org

フレデリック・ショパン――その情熱《じょうねつ》と悲哀《ひあい》

2021年 8月 2日　初版第1刷
2021年 9月15日　初版第2刷
2022年10月20日　初版第3刷

定価はカバーに表示してあります。

著者　フランツ・リスト
訳者　八隅裕樹
発行者　河野和憲

発行所　株式会社　彩流社

〒101-0051　東京都千代田区神田神保町3–10　大行ビル6階
TEL 03-3234-5931　FAX 03-3234-5932
ウェブサイト　http://www.sairyusha.co.jp
E-mail　sairyusha@sairyusha.co.jp

印刷　モリモト印刷㈱
製本　㈱難波製本
装幀　大倉真一郎

乱丁本・落丁本はお取り替えいたします。

ISBN 978-4-7791-2765-6 C0073

ジョルジュ・サンドと四人の音楽家

坂本千代、加藤由紀 著

一九世紀フランスで「男装の麗人」「恋多き女」として知られ、常に文化の中心にいたジョルジュ・サンド。彼女が書いた小説や日記などを通し、音楽史へ多大な足跡を残した四人の音楽家たちを浮かび上がらせ、音楽／文学の力を考察する。

（四六判並製・一八七〇円［税込］）

ヨーロッパ芸術音楽の終焉

藤原義久 著

ドビュッシー、ストラヴィンスキーらの音楽を「作曲行為」と「音組織」という観点から考察。トーマス・マンの『ファウストゥス博士』の主人公・作曲家アードリアーンを「象徴」として激しく変貌していく音楽芸術の特色を探る。

（四六判上製・二六四〇円［税込］）

クラシック100の味

平野玲音 著

幼少からチェロを学んできたチェリストが、著名なウィーンフィルのG・イーベラー氏に師事して学んだ、驚くべきクラシック音楽の味わい。日本の音楽界に伝わりづらい「何か」を、ウィーンの香りと共に伝える一〇〇のエッセイ。

（四六判上製・二〇九〇円［税込］）

そしてカルメンはパリに行った

ゲルハルト・シュタイングレス 著

岡住正秀、山道太郎 訳

疎外、抑圧、苦悩を体験的に生きた民衆の深い内なる感情……フラメンコと呼ばれる音楽は、ロマン主義の所産である。「フラメンコ」という近代の芸術ジャンルが誕生する過程を詳細に辿る画期的論考！

（A5判上製・三九六〇円［税込］）